Teut Wallner

W0187985

Lehrbuch der Schriftpsychologie

Teut Wallner

Lehrbuch der Schriftpsychologie

Grundlegung einer systematisierten
Handschriftendiagnostik

6. Auflage

Asanger Verlag • Kröning

Der Autor:
Teut Wallner, Jahrgang 1923, Dipl.-Psych., staatl. geprüfter Schriftpsychologe, langjähriges Vorstandsmitglied und Vorsitzender der Schwedischen Gesellschaft für Schriftpsychologie, Ehrenmitglied des finnischen Schriftpsychologenverbandes.

Unser Verlagsprogramm finden Sie unter www..asanger.de

Umschlaggestaltung:
liveo grafikdesign, Angelika Krikava, info@liveo.de, www.liveo.de

Druck:
Pbtisk, a.s., Czech Republic

Bibliographische Informationen der Deutschen Nationalbibliothek:
Die Deutsche Nationalbibliothek verzeichnet diese Publikation in der Deutschen Nationalbibliographie; detaillierte bibliographische Daten sind im Internet über http://dnb.d-nb.de abrufbar.

© 6. Auflage 2016 Asanger Verlag GmbH Kröning
© 1998 Roland Asanger Verlag Heidelberg
ISBN 978-3-89334-346-1

Vorwort

Dieses Buch soll zwei Anforderungen gerecht werden, die eng miteinander verknüpft sind.

Zum ersten soll es die für eine wissenschaftlich vertretbare Handschriftendiagnostik notwendigen theoretischen Kenntnisse vermitteln. Um diese Aufgabe sachgemäß erfüllen zu können, müssen die Grundlagen der dahinterstehenden Schriftpsychologie dargestellt werden. Folglich alternieren praktische Anweisungen zur Erfassung und Auswertung der Handschrift mit methodologischen Erläuterungen. Diese bilden in sich einen Beitrag zur Diskussion über Theorie und Praxis der wissenschaftlich begründeten Handschriftendiagnostik sowie ihrer Möglichkeiten und Grenzen.

Damit ist dieses Werk Lehrbuch und Sachbuch zugleich.

In Anbetracht der Anforderungen, die heute an psychodiagnostische Methoden gestellt werden, wird deutlich, daß die psychologische Auswertung der Handschrift noch viel disziplinierter als bisher üblich gehandhabt werden muß, wenn sie den ihr zweifellos gebührenden Platz unter den etablierten Verfahren einnehmen will. Zur Rechtfertigung dieses Anspruchs werden schon seit Jahrzehnten intensive Methodenentwicklung und Methodenkontrolle betrieben. Die kritische Auswertung der Befunde führt fast zwangsläufig zur Forderung nach einer Systematisierung der Handschriftenanalyse. Als Modell dafür wird in diesem Lehrbuch eine Schrift-Testbatterie vorgestellt, die eine psychologische Auswertung auf verschiedenen Sicherheitsstufen – von der Feststellung von Grundeigenschaften über eine Stichwortanalyse bis zur freien Begutachtung – gestattet. Dieses Modell schließt selbstverständlich andere, bessere oder elegantere Lösungen keinesfalls aus. Es soll nur die Richtung auf dem kaum zu vermeidenden Wege markieren.

Das angefügte Namen- und Sachregister soll dem Leser die Orientierung erleichtern. Damit wird das Buch gleichzeitig zu einem kleinen Nachschlagewerk über Schriftpsychologie.

Bei den Literaturangaben handelt es sich bis auf eine Ausnahme um Quellenhinweise. Einzige Pflichtliteratur für den Studierenden nach diesem Lehrbuch ist das Standardwerk der Schriftpsychologie von Müller & Enskat „Graphologische Diagnostik" mit dem Anhang von Oskar Lockowandt, da es den Lehrbuchtext in vieler Hinsicht ergänzt und vertieft.

Für das Erlernen der schriftpsychologischen Praxis reicht allerdings selbst das beste Lehrbuch allein nicht aus. Jeder Studierende bedarf in diesem Fach stets auch der Anleitung und fachlichen Betreuung durch einen mit der Methode vertrauten Lehrer. Von diesem wird erwartet, daß er aus dem Fundus seines Wissens und seiner praktischen Erfahrung den Lehrstoff erweitert und ergänzt, die theoretischen Feststellungen und Erklärungen an vielen praktischen Beispielen demonstriert und für ein gründliches Üben vor allem bei der Erfassung des graphischen Tatbestands Sorge trägt.

Für die kritische Durchsicht des Manuskripts und für viele gute Ratschläge zur Ausgestaltung des Lehrstoffs möchte ich an dieser Stelle Frau Rosemarie Gosemärker, gepr. Graph. ÖSG (Bielefeld), Frau Dipl.-Psych. Renate Joos (Stuttgart) und Herrn Dr. phil. Urs Imoberdorf (Volketswil) von ganzem Herzen danken. Auch Herrn Bruno Hagelsten (Stockholm) möchte ich für unschätzbare Hilfe bei der elektronischen Bewältigung des Manuskripts ebenfalls herzlichen Dank sagen.

Meine Hoffnung ist nun, daß das Buch die ihm gestellten Aufgaben so weit wie möglich erfüllt. Vor allem aber hoffe ich, daß die leicht verständliche und auch leicht zu handhabende Auswertungsmethode oder Parallelentwicklungen zu ihr in Zukunft fleißig angewendet werden, allerdings – um der geplagten Menschheit willen – nur von qualifizierten und verantwortungsbewußten Schriftpsychologen.

Stockholm, im Mai 1998
Teut Wallner

6

Inhaltsverzeichnis

8

Teil I

Einführung in die Schriftpsychologie

1. Das wissenschaftliche Fundament

1.1 Wissenschaftliche Abgrenzung

Wissenschaft ist von allem Irrationalen befreite, objektive Erkenntnis. Dementsprechend gehört jede sachlich begründete Form von Handschriftenanalyse zu den modernen Wissenschaften. Sie ist jedoch keine selbständige Wissenschaft. Da die Handschrift das Ergebnis einer menschlichen Handlung ist, gehören die Erforschung der Entstehungsbedingungen der Handschrift und die Untersuchung der Grenzen und Möglichkeiten ihrer Anwendbarkeit als psychodiagnostisches Instrument in den Bereich der Psychologie.

Schriftpsychologie ist die Lehre von den Entstehungsbedingungen der Handschrift und der Erfaßbarkeit und psychologischen und forensischen Auswertbarkeit ihrer Komponenten.

Anfangs gab es für dieses Fach nur *eine* allgemein akzeptierte Bezeichnung, nämlich Graphologie. Um die Zugehörigkeit der Handschriftendiagnostik zur Psychologie und deren Normen und Regeln deutlich zu markieren, wurde in den 40er Jahren der Begriff Schriftpsychologie eingeführt (Wallner, 1971). Schon damals nannten Müller und Enskat ihr Beratungs-, Lehr- und Forschungsinstitut in Berlin „Zentralinstitut für Schriftpsychologie". Beide Bezeichnungen werden heute noch oft als Synonyme verwendet. Das sind sie aber nach der Intention der Wortschöpfer ganz sicher nicht. Eine eindeutige Trennungslinie zwischen Schriftpsychologie und Graphologie liegt nämlich in der Einstellung ihrer jeweiligen Vertreter gegenüber den wissenschaftlichen Anforderungen an die Methode.

In der Psychologie muß für alle diagnostischen Methoden mit Rücksicht auf die Konsequenzen, die ihre Anwendung für den Beurteilten haben können, der Nachweis ihrer Objektivität und Konstanz sowie ihrer Reliabilität und Validität erbracht werden. Das setzt bei den hier notwendigen Kontrolluntersuchungen die Verwendung statistischer Methoden voraus. Zur Ermittlung der benötigten Daten betreiben die Schriftpsychologen *Graphometrie*.

Graphologen benötigen für ihr Selbstverständnis weder Zuverlässigkeits- noch Gültigkeitsnachweise. Ihre Methode ist für sie einfach evident. Bei näherer Befragung berufen sie sich meist auf Ludwig Klages und die von ihm am Anfang des 20. Jahrhunderts aufgestellten und obendrein von ihm selbst axiomatisierten Lehrsätze. Graphometrische Kontrolluntersuchungen – welcher Art auch immer – waren ihm verpönt. Für viele seiner Adepten ist Handschriftendiagnostik gar eine Kunst, die „Kennerschaft" voraussetzt und schon deshalb keines Beweises bedarf.

Bis in die Mitte des 20. Jahrhunderts wurde die Klages'sche Art des Argumentierens noch in weiten Kreisen als wissenschaftlich zureichend akzeptiert. Heute ist Graphologie in der dargestellten Form wissenschaftlich nicht mehr vertretbar.

Eine klare Trennung im Sprachgebrauch wird allerdings durch mindestens zwei Umstände erschwert.

Zum ersten ist der Begriff *Graphologie* in der Umgangssprache so fest verankert, daß sich der Schriftpsychologe oft selbst in Wort und Schrift dieser Bezeichnung bedienen muß, um sich Laien verständlich machen zu können. (Letztere fallen aber selbst nach der liebevollsten Aufklärung fast stets in ihr eingefahrenes Vokabular zurück. Der Leser möge es nur probieren!)

Kompliziert wird die Lage dann auch noch dadurch, daß die Schriftpsychologen selber „mit verschiedenen Zungen" reden. Im ersten deutschsprachigen Sachbuch über Handschriftendiagnostik verwendet Angelika Seibt (1994) die Bezeichnung *Schriftpsychologie* als Oberbegriff für das Gesamtgebiet der Handschriftendiagnostik. Untergeordnete Fächer sind bei ihr *Graphologie* und *Graphometrie* nebeneinander in Konkurrenz. Auf dieser Ebene fällt ihr Graphologiebegriff allerdings wieder mit dem überkommenen zusammen. Ich halte die Seibtsche Aufteilung dennoch für unglücklich, denn sie verschleiert den Anlaß der Wortneubildung.

Schließlich ist zu beachten, daß die Schweizer Fachleute vorläufig noch strikt an der eingebürgerten, den Gesamtbereich deckenden Bezeichnung *Graphologie* festhalten.

Die Benennungen *Graphologie* und *Schriftpsychologie* sind also keine Synonyme. Die angeführten Daten zwingen geradezu zu einer distinkten Aufteilung. Wenn in diesem Buch von Graphologie gesprochen wird, dann ist stets Graphologie im engeren Sinne und nicht Schriftpsychologie gemeint. Wird gelegentlich auf beide Richtungen Bezug genommen, dann wird der neutrale Terminus *Handschriftendiagnostik* gebraucht.

1.2 Die vier Grundhypothesen der Schriftpsychologie

Am Anfang jeder Wissenschaft stehen Vermutungen oder Annahmen. Diese werden *Hypothesen* genannt. Hypothesen können aufgrund von Erfahrungen, spontanen oder systematischen Beobachtungen, scharfsinnigen und sogar gewagten Spekulationen formuliert werden. Aber alle aufgestellten Behauptungen müssen früher oder später auf angemessene Weise bewiesen werden.

Um die Handschrift als psychologisches Instrument anwenden zu können, müssen mindestens folgende Bedingungen erfüllt sein:
1. Die Handschrift als „geronnene" Spur einer Handlung – also eines Verhaltens im Sinne der Differentiellen Psychologie – muß Komponenten enthalten, die mit Sicherheit in der fertigen Handschrift identifiziert werden können.
2. Die Komponenten müssen in einer gegebenen Handschrift konstant sein.
3. Schließlich muß der Zusammenhang zwischen bestimmten Komponenten der Handschrift und Persönlichkeitsvariablen erwiesen sein.

Zur wissenschaftlichen Untermauerung forensischer Handschriftenvergleiche genügt die Erfüllung der unter 1. und 2. genannten Voraussetzungen.

Diese Anforderungen wurden von mir in vier Grundhypothesen zusammengefaßt (Wallner, 1972). Ihre Verifizierung auf breitester Basis ist die dringlichste Aufgabe der schriftpsychologischen Forschung.

Grundhypothese 1

Als Handschrift bezeichnet man die nach vollzogenem Schreibakt auf der Schreibfläche zurückgebliebene Spur. Sie ist das Ergebnis einer menschlichen Handlung.

Diese Hypothese braucht nicht bewiesen zu werden. Sie dient nur der Einordnung in die Wissenschaft und vermittelt eine Selbstverständlichkeit. Deshalb kann sie als Axiom betrachtet werden. Im übrigen kann die Schriftpsychologie keinen Anspruch auf weitere Axiome erheben.

Grundhypothese 2

Jede Handschrift besteht aus einer großen Anzahl weitgehend unabhängig voneinander variierender graphischer Variablen, die objektiv erfaßbar sind.

Die Komponenten der Handschrift werden graphische Variablen genannt, weil sie
– unter sich verschieden sind,
– von Schreiber zu Schreiber variieren und sich
– bei ein und demselben Schrifturheber im Laufe der Zeit – meist langsam und fast unmerklich – verändern.
Wenn diese Grundhypothese bewiesen werden soll, muß die Frage nach der Objektivität der graphischen Variablen beantwortet werden. Es muß also nachgewiesen werden, daß die graphischen Variablen mit Sicherheit identifiziert und gemessen werden können. Die Verifizierung der Hypothese kann nur durch systematische Kontrolluntersuchungen geschehen.

Grundhypothese 3

Die in einer Handschrift registrierbaren graphischen Variablen erscheinen in gleicher Ausprägung in allen vom selben Schrifturheber gleichzeitig produzierten Schriftproben.

Zur Bestätigung dieser Hypothese müssen Konstanz und Konsistenz der graphischen Variablen nachgewiesen werden.

Mit *Konstanz* ist die Unveränderlichkeit der Variablen von Schriftprobe zu Schriftprobe bei ein und demselben Schrifturheber gemeint. Da sich bekanntlich jede Handschrift im Laufe der Zeit verändert, kann nur von relativer Konstanz die Rede sein.

Mit *Konsistenz* wird die Konstanz der graphischen Variablen *innerhalb* ein und derselben Schriftprobe bezeichnet.

14

Konstanz und Konsistenz können ebenfalls nur durch systematische Kontroll-untersuchungen festgestellt werden.

Grundhypothese 4

Aufgrund von Handschriftenvariablen, ihren Teilen (einzelnen Ausprägungs-graden) oder Syndromen von derartigen Variablen und/oder Variablenteilen lassen sich valide Aussagen über die Persönlichkeit des Schrifturhebers erstellen.

Zur Rechtfertigung und Bestätigung dieser Hypothese muß die Gültigkeit (Validi-tät) von Aussagen auf der Basis von Handschriftenvariablen nachgewiesen wer-den. Ein solcher Gültigkeitsnachweis kann nur durch viele und gleichzeitig viel-seitig angelegte Kontrolluntersuchungen erbracht werden.

1.3 Statistik

Bei der Formulierung der Grundhypothesen wurde darauf hingewiesen, daß der Nachweis der Gültigkeit dieser Hypothesen nur mit Hilfe systematischer, das heißt statistischer Untersuchungen möglich ist.

Für die Feststellung der Brauchbarkeit von psychologischen Tests gibt es spezielle statistische Verfahren. Übersichtliche Beschreibungen der für die Ermitt-lung der Test-Gütekriterien empfohlenen Methoden finden sich in der psychologi-schen Fachliteratur (z.B. bei Fisseni, 1990). Gefragt wird hier nach Objektivität, Reliabilität und Validität.

Nun ist die Handschrift kein Test, sondern die beim Schreibakt auf dem Schriftträger zurückgebliebene Spur menschlichen Verhaltens. Zur Prüfung der im vorigen Abschnitt aufgestellten Grundhypothesen und überhaupt für Kontroll-untersuchungen sind die für die Ermittlung der Test-Gütekriterien gebräuchlichen Methoden jedoch durchaus brauchbar. Grundsätzlich kann festgestellt werden, daß die statischen Formeln, Regeln und Normen überall dort ohne jede Einschrän-kung gelten, wo sie sinnvoll anwendbar sind. Gewisse Termini wie *Konstanz*, *Konsistenz* und *Reliabilität* müssen allerdings nach den speziellen Belangen des Untersuchungsobjekts definiert und gehandhabt werden.

Um Mißverständnissen bei der Quellenlektüre vorzubeugen, sei hier nur ange-merkt, daß innerhalb der schriftpsychologischen Forschung bisher keine einheitli-che statistische Nomenklatur verwendet wurde. Da die Gewissenhaften unter den Forschern der Branche die von ihnen verwendeten Begriffe jedoch stets definiert und die verwendeten Methoden und Verfahren angegeben haben, sind Vergleiche zwischen ihren Untersuchungsergebnissen ohne größere Schwierigkeiten mög-lich.

Eine übersichtliche Darstellung über bisher durchgeführte Kontrolluntersu-chungen und ihre Ergebnisse findet sich im von Oskar Lockowandt verfaßten Anhang zu Müller & Enskats Standardwerk der Schriftpsychologie (1993). Da dieses Werk für jedermann leicht zugänglich ist, kann hier auf eine eigene, umfassende Darstellung verzichtet werden. Wer sich eingehender informieren will, dem seien vor allem die in der „Bielefelder Graphologischen Bibliographie" von Oskar Lockowandt (1988) aufgeführten Dissertationen ab 1960, und unter diesen vor allem die Arbeiten aus der Freiburger Schule, zur Lektüre empfohlen.

Der Vollständigkeit halber sollen im folgenden Abschnitt (1.4) die wichtigsten Kontrollverfahren zumindest genannt und gelegentlich mit Erläuterungen versehen werden. Oft handelt es sich dabei um Kommentare zu Einwendungen und gegenteilige, in der Fachliteratur vorgetragene Auffassungen, auch wenn die verursachende Quelle nicht ausdrücklich genannt wird.

1.4 Graphometrische Kontrollverfahren

1.4.1 Objektivitätsuntersuchungen an graphischen Variablen

Eine eingehende Beschreibung der theoretischen und praktischen Voraussetzungen für Objektivitätsuntersuchungen findet sich bei Wallner (1960).

Je nach Art der Variablen kann die Prüfung ihrer Objektivität (Erfaßbarkeit) durch metrische Messungen, Auszählungen oder Schätzungen durch zwei oder mehr Beurteiler erfolgen. Das ist in den vergangenen Jahrzehnten weltweit mit Erfolg geschehen.

Alle graphischen Variablen können also gemessen werden, wobei unter *Messen* das Zuordnen von Zahlen zu Objekten verstanden wird.

Diese Feststellung ist längst nicht wissenschaftliches Allgemeingut. Noch auf dem 2. Internationalen Kongreß der Niederländischen Schriftpsychologen im Jahre 1996 (!) wurde der Versuch gemacht, den graphologischen Mythos von der Nicht-Meßbarkeit gewisser graphischer Tatbestände aufrechtzuerhalten. Folgende These wurde bereits im Einladungsschreiben zur Diskussion gestellt:

„Die Qualität einer Handschrift liegt in ihrer Lebendigkeit. Das steht der Wissenschaftlichkeit der Graphologie im Wege, denn Lebendigkeit ist wie jede qualitative Größe zwar unmittelbar erkennbar, aber nicht meßbar. "

Diese These ist selbstverständlich unhaltbar. Man kann nämlich bei jeder Qualitätsbeurteilung Gradunterschiede feststellen und dabei von hoher, mittlerer oder geringer Qualität sprechen. Damit hat man bereits eine dreigradige Skala von Qualitäten! Kein geringerer als Klages selbst hat das von ihm in die Handschriftendiagnostik eingeführte Formniveau – der Definition nach unbezweifelbar eine Qualität der Handschrift – in fünf Stufen eingeteilt. 1994 hat Arno Müller die Erfaßbarkeit des Formniveaus mit Hilfe statistischer Verfahren nachgewiesen.

Im Zuge systematisch durchgeführter Objektivitätsuntersuchungen hat sich allerdings herausgestellt, daß es graphische Variablen gibt, die *nicht* zuverlässig erfaßt werden können. Eine auch in anderer Hinsicht dubiose Variable dieser Art

16

ist der von Roda Wieser (1938) in die Graphologie eingeführte *Grundrhythmus* (s. 2.4).

Abgesehen von derartig krassen Fällen zeigt sich gelegentlich, daß die im Kontrollexperiment erzielten Objektivitätsdaten nicht auf dem in der Theorie geforderten Niveau liegen. Um Fehlauslegungen zu vermeiden, müssen in der Diskussion über den Wert solcher Ergebnisse die jeweils gegebenen praktischen und theoretischen Voraussetzungen unbedingt beachtet werden.

Da es sich bei der Ermittlung der Objektivität um grundlegende Untersuchungen handelt, sollten stets optimale Arbeitsbedingungen herrschen. Folgende Anforderungen müßten in jedem Falle erfüllt sein:

- Die zu beurteilenden Variablen müssen so eindeutig definiert sein, daß der Ermessensspielraum des Beurteilers auf ein Minimum reduziert wird.
- Das zur Objektivitätsuntersuchung verwendete Handschriftenmaterial muß an Umfang und Qualität dem Untersuchungsziel angemessen sein.
- Die hinzugezogenen Beurteiler müssen so kompetent wie möglich sein. Das schließt Laienbeurteilungen völlig und Urteile von Studierenden weitgehend aus.
- Die hinzugezogenen Beurteiler müssen wissenschaftlich engagiert und motiviert sein und nicht nur aus Gefälligkeit oder unter anderen Zwängen mitwirken.

Erst wenn die Objektivität einer graphischen Variablen unter diesen Bedingungen festgestellt worden ist, wird es sinnvoll, die Objektivität dieser Variablen unter den in der Alltagspraxis herrschenden Verhältnissen zu prüfen.

Diese Anforderungen gelten sinngemäß selbstverständlich auch für alle anderen Arten von Kontrolluntersuchungen.

1.4.2 Konstanz- und Konsistenzuntersuchungen an graphischen Variablen

Konstanz und Konsistenz der Handschriftenvariablen (Definition siehe Grundhypothese 3) sind relativ selten Gegenstand eingehender Untersuchungen gewesen. Sie werden sozusagen „stillschweigend vorausgesetzt". Allein schon die Alltagserfahrung scheint die Hypothese von Konstanz und Konsistenz zu bestätigen.

Daß es sich bei der Konstanz nur um relative Konstanz handeln kann, wurde bereits erwähnt. Konstanzuntersuchungen setzen metrische Meßbarkeit der untersuchten Variablen oder paarweise Vergleiche von Schriftproben unterschiedlicher Entstehungszeiten voraus (Prystav, 1969). (Beachte: Wird Konstanz vom selben Beurteiler am selben Material in Zeitintervallen geschätzt, dann wird nicht die Konstanz der Variablen, sondern die *Stabilität der Aussagen des Beurteilers* gemessen. Diese Sprachregelung sollte auch für alle anderen intraindividuellen Vergleiche von Beurteilungen gelten.)

Allerdings ist der Nachweis der Konstanz durch Schätzung von nur *einem* Gutachter auf dem Umweg über den Vergleich ausgewählter Kriterien innerhalb eines Schriftlängsschnitts möglich (Wallner, 1991).

Eine bei Konstanzuntersuchungen zu beachtende Schwierigkeit bieten die *intraindividuellen Variationen.* Gemeint ist die Tatsache, daß viele Menschen mehrere, offensichtlich voneinander unterscheidbare Handschriften gleichzeitig produzieren (Konzeptschrift, Schönschrift etc.). Man kann *normale, situations- oder zufallsbedingte und intendierte intraindividuelle Variationen unterscheiden* (Wallner, 1972).

Die *normale intraindividuelle Variation* beruht darauf, daß die Handschrift fortlaufend manuell erzeugt wird. Dabei werden die einzelnen für die Lesbarkeit der Schrift benötigten Schriftelemente zwar korrekt erstellt, weichen aber – sogar für den Laien sichtbar – in der Ausführung minimal voneinander ab. Etwas übertrieben gesagt: Kein Buchstabe ist dem anderen gleich! Wo dieses „Oszillieren" fehlt, erscheint die Schrift starr, oder es handelt sich um reine Kalligraphie.

Diese normale Schwankungsbreite variiert von Schreiber zu Schreiber. Außerdem können die einzelnen Variablen innerhalb einer Schriftprobe verschieden stark variieren. Der Grad der für einen Schrifturheber normalen Schwankungsbreite kann durch Schätzung als *Regelmaß/Unregelmaß* (Kap.6.1.13) erfaßt werden.

Eine *situationsbedingte intraindividuelle Variation* tritt z.B. oft schon dann ein, wenn die zum Schreiben zur Verfügung stehende Fläche gegenüber der gewohnten merkbar eingeschränkt wird. Auf Postkarten schreiben fast ausnahmslos alle Menschen viel kleiner als sonst!

Zufallsbedingte intraindividuelle Variationen treten auf, wenn der Schreiber im Schreibakt (z.B. durch einen Knall oder Knuff) gestört wird. Eine lange Liste von Anlässen zu situations- und zufallsbedingten Abweichungen wird im Abschnitt über die Produktionsvariablen (4.2.1.3) vorgelegt. Wie diese bei einer Registrierung behandelt werden sollen, wird im Abschnitt 5.2.3 erläutert.

Intendierte intraindividuelle Variation liegt vor, wenn der Schreiber seine Schrift bewußt beeinflußt. So versuchen z.B. die meisten Bewerber, ihre Bewerbungen besonders „schön" zu schreiben. Viele Schreiber bemühen sich, zumindest ihrer Unterschrift ein eigenes und dann natürlich imponierendes Aussehen zu geben. Aber auch die bewußte Nachahmung anderer und die Verstellung der eigenen Schrift gehören in diese Kategorie. Es gibt eine Reihe von Kriterien, die Hinweise auf das Vorliegen intendierter Variation geben. Je umfangreicher das zur Verfügung stehende Handschriftenmaterial ist, um so klarer treten in der Regel intendierte Veränderungen hervor.

Die Feststellung der Konsistenz (Definition siehe ebenfalls Grundhypothese 3) ist nur an metrisch meßbaren Variablen möglich und erfordert umständliche Messungen innerhalb der Schriftprobe. Der Gewinn einer solchen Untersuchung dürfte minimal sein. Daß fast jeder Schreiber im fortschreitenden Schreibakt sich immer mehr von der Schriftproduktion auf den Inhalt seines Schreibens konzentriert, ist eine allgemein bekannte Tatsache. Eine Änderung des Schriftbildes bis zur totalen „Unidentität" dürfte jedoch äußerst selten vorkommen. *Wenn* sie auftritt, wird sie unmittelbar „mit bloßem Auge" erkannt und kann als Besonderheit registriert werden.

Die Konsistenz der graphischen Variablen ist kein nennenswertes Problem der Schriftpsychologie.

1.4.3 Der Gültigkeitsnachweis

So erfolgreich die graphometrische Forschung bei der Ermittlung der Objektivität und Konstanz der graphischen Variablen war, so sehr hinkt der Nachweis der Gültigkeit der schriftpsychologischen Aussagen trotz vieler Bemühungen heute immer noch hinterher.

Bei der Gültigkeitsuntersuchung werden die schriftpsychologisch begründeten Aussagen Kriterien gegenübergestellt, die anderweitig gewonnen wurden.

Prinzipiell kann der Gültigkeitsnachweis auf zwei Ebenen erbracht werden und zwar sowohl

• *auf Gutachter(Interpretations-)ebene* als auch
• *auf Variablen(Merkmals-)ebene.*

(Ein Kommentar zur Wortwahl findet sich bei Wallner, 1970.)

Schriftpsychologische Aussagen auf der Gutachterebene sind subjektive Bewertungen einzelner Gutachter. Gültigkeitsnachweise auf der Gutachterebene sind somit völlig an die Person des Gutachters gebunden. Sie können nicht verallgemeinert werden und sagen daher nichts über die Gültigkeit der Methode aus. Selbst sehr hohe Korrelationen zwischen Gutachterbeurteilung und Kriterium ändern nichts an diesem Umstand. Sie haben jedoch insofern Wert, als sie die Grundlage für weitere, gezielte Untersuchungen bilden können.

Aus den angeführten Gründen sind Verifizierungsversuche auf der Variablenebene vorzuziehen. Hier bieten sich zwei Möglichkeiten (Wallner, 1972):

1. Man kann von den graphischen Variablen ausgehen und nach deren psychologischer Bedeutung fragen.
2. Man kann von psychischen Grundfunktionen, Persönlichkeitsvariablen oder auch Leistungen ausgehen und fragen, welche graphischen Variablen zur validen Erfassung einer bestimmten Grundfunktion, Persönlichkeitsvariablen oder Leistung beitragen können.

Nach Durchsicht aller mir bisher zugänglichen Validitätsuntersuchungen halte ich das letztgenannte Vorgehen für erfolgversprechender, weil graphische Gegebenheiten und Kriterien unmittelbar gegenübergestellt werden und der Ermessensspielraum des Beurteilers auch hier auf ein Minimum beschränkt wird.

Aus den angeführten Gründen wurde die *Systematisierte Handschriftenanalyse* nach eben diesem Modell für Forschung und Praxis entwickelt.

2. Ein geschichtlicher Rückblick

2.1 Der Ausgangspunkt

Die Schriftpsychologie hat ihre Wurzeln in der Graphologie. Deren Geschichte wird in der Literatur immer wieder abgehandelt. Hier werden deshalb nur ein paar Hinweise, Kommentare und Korrekturen aus der Sicht des Schriftpsychologen angebracht, die die überkommene Geschichtsschreibung ergänzen und auch ein wenig zurechtrücken sollen.

Seit Christoph von Schroeder seine Arbeit „Studium über die Schreibweise Geisteskranker" an der Universität in Dorpat einreichte (1880), ist mehr als ein Jahrhundert vergangen. Inzwischen sind mindestens 150 deutschsprachige Dissertationen mit schriftpsychologischen Themen dazugekommen. Darüber hinaus erschienen bisher insgesamt weit über 6.500 graphologische und schriftpsychologische Fachbücher und -aufsätze in deutscher Sprache (Lockowandt, 1988). Aus dieser Menge inhaltlich und qualitativ äußerst unterschiedlicher Publikationen sollen im folgenden vorwiegend solche Werke herausgehoben werden, die für die Entwicklung der Schriftpsychologie und ihrer Methoden von Bedeutung waren. Für vertiefende Studien der Schriftpsychologie und ihrer Geschichte seien diese Veröffentlichungen in erster Linie empfohlen.

Die folgende Darstellung der geschichtlichen Entwicklung wird mit Daten über bisher nicht dokumentierte Untersuchungen ergänzt.

2.2 Die ersten Impulse und Versuche

Zu den vordringlichen Aufgaben der schriftpsychologischen Forschung gehört die Entwicklung von Ermittlungs- und Auswertungsverfahren und deren Anwendung. Die ersten Kontrolluntersuchungen, denen diese Bezeichnung tatsächlich zukommt, wurden bereits am Anfang des 20. Jahrhunderts vorgelegt.

Im Jahre 1906 ließ Binet eine Anzahl Graphologen das Geschlecht von 180 Adressenschreibern bestimmen. Die beste Leistung erbrachte 79 Prozent richtige Antworten. Auch wenn die Geschlechtsbestimmung von Schreibern kein psychodiagnostisches, sondern ein schrifttechnisches Problem ist, bedeutete Binets Untersuchung einen wesentlichen Schritt in Richtung auf systematische Kontrolluntersuchungen.

Im selben Jahr (1906) wurde auch die erste „richtige" Kontrolluntersuchung vorgelegt. Ihr Autor war Arnold Gesell. Er ermittelte die Zusammenhänge zwischen der graphischen Variablen *Genauigkeit in der Handschrift* (*accuracy*) und einer Anzahl von Kriterien an nicht weniger als 4.361 Schülern. Die in tabellarischer Form vorgelegten Daten über die Variablen *accuracy, school intelligence* und *general intelligence* wurden von mir mit modernen statistischen Methoden aufbereitet (Wallner, 1965). Der Zusammenhang zwischen Schriftbeurteilung und den beiden Kriterien erwies sich mit aller nur wünschenswerten Deutlichkeit als statistisch hochsignifikant.

Etwa 20 Jahre nach Gesell publizierte Joachim-Friedrich von Foerster (1927) einen Aufsatz, in dem zum ersten Mal methodologische Fragen diskutiert wurden. Zur Veranschaulichung seiner Vorschläge und Thesen wendete er erstmalig statistische Korrelationsmethoden an. Damit hatte Foerster den Grundstein für eine in der Handschriftendiagnostik völlig neue Betrachtungsweise über Zuverlässig-keits- und Gültigkeitskontrollen gelegt.

Foersters Artikel blieb bei der sogenannten Fachwelt unbeachtet. Vielleicht war die Zeit noch nicht reif. Vor allem aber beherrschten damals Klages' Vorstellung von Wissenschaft und Wissenschaftlichkeit das Tun und Denken der meisten Handschriftenanalytiker zumindest im deutschsprachigen Raum. Und diese Vor-stellungen waren – wie bereits erwähnt – unvereinbar mit Maß und Zahl und sogar unvereinbar mit einer unvoreingenommenen Betrachtungsweise der tatsächlichen Möglichkeiten und Grenzen des Faches.

Wäre man Foersters Vorschlägen und Ideen nachgegangen, dann wäre die Entwicklung der Handschriftendiagnostik wahrscheinlich schon damals in ande-ren, angemesseneren Bahnen verlaufen.

Unter Klages' autoritärer Ägide stagnierte jedoch jede Weiterentwicklung innerhalb der Handschriftendiagnostik. Stattdessen waren es amerikanische Forscher, die sich während des nächsten Vierteljahrhunderts um die Erstellung statistisch untermauerter Kontrollergebnisse bemühten – offensichtlich in völliger Unkenntnis der Foersterschen Modelle und Vorschläge. In der Fachliteratur werden vor allem Cantril et.al.(1933), Harvey (1934), Crider (1941), Super (1941) und Pascal (1943) genannt. Die von ihnen angewandten Methoden waren jedoch recht schlichter Art, die Resultate kaum ermutigend.

2.3 Die große Wende

Die Durchführung von wirklich umfassenden Kontrolluntersuchungen wurde erst Mitte des 20. Jahrhunderts möglich. Von vorwiegend amerikanischen Autoren wurden neue, speziell für die psychologische Forschung ausgearbeitete statistische Verfahren vorgelegt. Wer weiterhin Leistungstests oder andere psychologische Methoden entwickeln oder überprüfen wollte, mußte sich dieser Verfahren zwangsläufig bedienen. Die neuen Mittel waren allerdings äußerst arbeitsintensiv. Zum Glück für die geplagten Forscher kamen – wie gerufen – elektronische Rechenanlagen (Computer) mit bisher nur erträumbarer Kapazität auf den Markt und in die Studierstuben.

Handschriftendiagnostiker, die um die Reputation ihrer Methode besorgt waren, standen plötzlich vor völlig neuen Fragestellungen und Aufgaben, wenn sie den nunmehr geltenden Anforderungen an wissenschaftliche Arbeit gerecht werden wollten.

Die gegenüber der Kritik vordringlichst zu beantwortende Frage war, ob die Grundlagen der Handschriftendiagnostik, die graphischen Variablen, mit Sicherheit erfaßt werden konnten. Nur wenn dies der Fall war, hatte die Handschriftendiagnostik von nun an überhaupt Daseinsberechtigung! Denn:

Aufgrund von nicht eindeutig oder nur unzureichend erfaßbaren Handschriftenvariablen können niemals gültige Aussagen über deren Urheber gemacht werden.

Zunächst galt es also, die Objektivität der graphischen Variablen mit Hilfe geeigneter Meßverfahren so schnell und so umfassend wie möglich nachzuweisen.

Wer zum ersten Male systematisch Messungen an Handschriften vorgenommen hat, ist mir nicht bekannt. Fest steht jedoch, daß Kriminaltechniker wie Langenbruch und Schneikert am Anfang des 20. Jahrhunderts Messungen durchführten und diese Tätigkeit Graphometrie nannten. In seiner Dissertation übernahm Fahrenberg (1961) diesen Begriff für Messungen innerhalb der Schriftpsychologie.

Die ersten umfangreichen Objektivitätsuntersuchungen an Handschriftenvariablen wurden bereits 1953 in Schweden unter der Leitung von Lennart Bergström durchgeführt. (Unabhängig davon wurden zur selben Zeit von Birge, 1954, in den USA ähnliche Versuche unternommen.) Bergström ließ drei Gutachter die Ausprägungsgrade von einem Dutzend graphischer Variablen an mehr als 100 Handschriften schätzen. Die Beurteilungen wurden miteinander korreliert. Bedauerlicherweise sind die durchgehend guten Ergebnisse niemals veröffentlicht worden.

1956 wurden erstmals Schätzungen und Messungen an graphischen Variablen durchgeführt und miteinander verglichen. Dabei konnte die weitgehende Ebenbürtigkeit von Messungen und Schätzungen festgestellt werden (Wallner, 1956).

In den folgenden Jahren wurden von mir weitere einschlägige Untersuchungsergebnisse zur Objektivität der graphischen Variablen veröffentlicht (Wallner, 1960, 1961a, 1961b, 1962). Um die optimale Erfaßbarkeit der untersuchten Variablen ermitteln zu können, wurden diese und die zugehörigen Ermittlungsanweisungen präziser als bis dahin üblich definiert.

Die Ergebnisse, Vorschläge und Thesen dieser ersten Untersuchungen wurden in den 60er und 70er Jahren in einer Reihe von Experimenten überprüft – vor allem am Psychologischen Institut der Universität Freiburg unter der Leitung von Robert Heiss. Gleichzeitig wurde der Gültigkeitsnachweis für schriftpsychologische Aussagen angestrebt. Diese und viele andere bahnbrechende Arbeiten, die in den „Gründerjahren" der Schriftpsychologie auch andernorts entstanden sind, sind in dem bereits genannten Bericht von Lockowandt (1993) aufgeführt.

Im übrigen sind weltweit in den letzten vier Jahrzehnten Hunderte von Objektivitäts- und Validitätsuntersuchungen unterschiedlichster Art und Qualität vorgelegt worden. Das Ergebnis all dieser Bemühungen:

Es steht außer allem Zweifel, daß Handschriftenvariablen mit Sicherheit identifiziert und gemessen werden können. Es bezweifelt auch niemand mehr ernsthaft, daß zwischen der Handschrift und der Persönlichkeit eines Schreibers statistisch signifikante Zusammenhänge bestehen. Der Fachmann weiß, daß die bei Gültigkeitsuntersuchungen gefundenen Validitätswerte den bei vergleichbaren Methoden gewonnenen Werten entsprechen.

Dennoch wird der Methode die Anerkennung als psychodiagnostisches Instrument von maßgebenden Kritikern versagt. Woran kann das liegen?

2.4 Die Schatten der Vergangenheit

Für die negativen Stellungnahmen, die zwar der Graphologie gelten, aber mittelbar auch die seriöse Handschriftendiagnostik treffen, lassen sich unschwer eine Reihe von triftigen Gründen anführen.

Allein schon die Entwicklungsgeschichte der Handschriftendiagnostik ist recht merkwürdig: Diese aufgrund ihres Forschungs- und Arbeitsobjekts unzweifelhaft zur Psychologie gehörende Methode hat sich nämlich über Jahrzehnte hinweg vorwiegend außerhalb der Universitäten und dementsprechend wildwüchsig entwickelt.

Andererseits hat keine psychologische Beurteilungsmethode jemals so viel Aufmerksamkeit in der breiten Öffentlichkeit auf sich gezogen und die Gemüter so erregt wie die Handschriftenanalyse. Der Gedanke, das wahre Wesen seiner Mitmenschen mit Hilfe von ein paar handgeschriebenen Zeilen ergründen zu können, ist ja auch faszinierend.

Die Meinungen über den Wert der Methode gehen allerdings weit auseinander: Viele Zeitgenossen „glauben" an sie, viele andere bezeichnen sie als reinen Humbug, aber nur wenige wissen Konkretes über sie.

Eine wesentliche Ursache für diese doch recht seltsame Entwicklung und Stellung einer psychologischen Methode ist ein ihr von Natur eigenes Handikap. Dieses liegt schlicht darin, daß die für die Analyse benötigten Handschriftenproben jederzeit und von jedermann ohne Schwierigkeiten beschafft werden können.

Mehr oder weniger seriöse Auswertungsanweisungen sind ebenfalls seit eh und je leicht zu beschaffen. Sie werden von trendbewußten Verlegern in Form von wissenschaftlich verbrämten „graphologischen Kochbüchern" immer aufs Neue auf den Markt geschaufelt. Was Wunder, daß viele Menschen dem Reiz nicht widerstehen können, die Methode einmal auf eigene Faust zu erproben. Am Anfang handelt es sich wohl meist nur um einen amüsanten Zeitvertreib. Wenn solche Freizeitgraphologen jedoch anfangen, die Methode hinter dem Rücken der Betroffenen in vollem Ernst anzuwenden, dann kann das zu äußerst unerfreulichen Konsequenzen für Deuter und Gedeutete führen. Schon der Gedanke, Objekt derartiger Machenschaften zu sein, ist erschreckend. Jede psychologische Untersuchung stellt bekanntlich einen Eingriff in die Intimsphäre und damit eine

Beeinträchtigung der persönlichen Integrität der beurteilten Person dar. Die naheliegende Frage, wie zuverlässig diese Amateurbeurteilungen im besten Falle sein können, wird wohl kaum jemals gestellt. Die „Kochbücher" geben darüber selbstverständlich keine Auskunft, denn ihre Verfasser wissen es selber nicht oder wollen es nicht wissen.

Für viele Außenstehende ist auch völlig unklar, wer wirklich befugt ist, die Handschriftendiagnostik wissenschaftlich zu vertreten, sie auszuüben und gar zu lehren.

In einer nicht ausreichend informierten Öffentlichkeit hat neben Universitätsprofessoren und anderen in der Psychologenschaft anerkannten Fachleuten auch jeder alerte Marktschreier und Scharlatan Sitz und Stimme. Einen Titelschutz gibt es nicht. *Graphologe, Schriftpsychologe, Handschriftenexperte* kann sich nennen, wer will. Und jeder Wald- und Wiesengraphologe kann sich auf die Ergebnisse seriöser schriftpsychologischer Forschung berufen.

Keine andere wissenschaftliche Methode hat einen auch nur annähernd so langen Rattenschwanz von Quacksalbern wie die Handschriftendiagnostik.

Kritiker weisen immer wieder darauf hin, daß es für viele Schriftdeuter kaum oder gar keine Grenzen für die Anwendung ihrer Deutekunst gäbe. Man äußere sich allein aufgrund der Handschrift munter und mündig zu allen Lebensfragen. Auch würden die absurdesten Behauptungen aufgestellt. So wird z.B. seit mehr als einem halben Jahrhundert (und neuerdings trotz einwandfrei widersprechender Kontrollergebnisse!) steif und fest behauptet, man könne Kriminalität und sogar potentielle Kriminalität aus dem Grundrhythmus der Handschrift ablesen (Roda Wieser, 1938; Hönel, 1977, 1988; Wallner, 1988).

Und Beyerstein – um nur einen gewichtigen Zeugen namhaft zu machen – berichtet (1992) voller Grimm, daß ein Graphologe unter zehn Lehramtsbewerbern auf einen Streich neun Pädophile entlarvt habe.

Zudem ist das Beurteilungsverfahren für Uneingeweihte schwer zugänglich und undurchsichtig. Die seit alters überkommene Arbeitsweise des Protokollierens und Deutens von graphischen Variablen und die Erstellung von Gutachten erscheinen den Kritikern der Handschriftendiagnostik schon deshalb suspekt. Daß diese Arbeitsmomente neuerdings von einem Computer ausgeführt werden können, bedeutet zwar eine Änderung der Mittel, ändert aber nichts an der Methode selbst.

Die hier als Beispiele angeführten Mißstände und Vorurteile kann man nicht dadurch aus der Welt schaffen, daß man sie ignoriert oder gar verdrängt. Angesichts ihrer verheerenden Konsequenzen vor allem für die seriöse schriftpsychologische Praxis sollte man Mißstände anprangern und Vorurteile korrigieren, wo immer man auf sie trifft. Oder gibt es einen anderen Weg, den bis in unsere Tage reichenden Schatten der Vergangenheit, den Scharlatanen und Geschäftemachern mit einiger Hoffnung auf Erfolg zu begegnen?

Teil II

Der graphische Tatbestand und seine Erfassung

3. Schriftpsychologische Fachausdrücke

In diesem Kompendium werden eine Reihe von Fachausdrücken verwendet. Da es bislang keine allgemeingültige Terminologie gibt, können die hier beschriebenen und benannten Daten und Fakten anderweitig anders benannt werden. Im Zweifelsfalle gilt stets die Terminologie des Kompendiums.

Dasselbe gilt für sämtliche Definitionen von graphischen Variablen und die zugehörigen Auswertungsanweisungen.

Mit *Schrift* ist stets *Buchstabenschrift* gemeint.

Die Schrift kann sich über drei Zonen erstrecken, die *Ober-*, *Mittel-* resp. *Unterzone* genannt werden (Abbildung 3.1).

Die Mittelzone wird oft auch *Mittelband* genannt. Der senkrechte Abstand zwischen dem höchsten und dem niedrigsten Punkt der Schriftspur ist ihre *absolute Höhe*. Buchstabenteile, die in der Ober- resp. Unterzone liegen, werden *Ober-* resp. *Unterlängen* genannt.

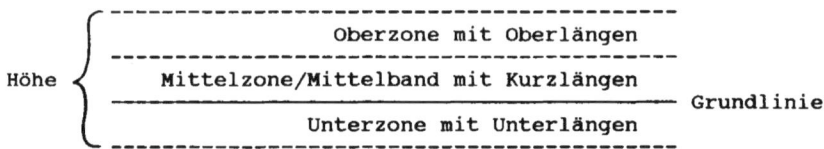

Die Buchstaben werden in drei Größenklassen aufgeteilt:
1. Die *Kurzlängen* wie z.B. a, c, e, i und m nehmen nur die Mittelzone ein. Die Linie, die die Basis für die Kurzlängen bildet, wird Grundlinie, gelegentlich auch Zeilenbasis genannt.
2. Die *Mittellängen* erstrecken sich über zwei Zonen. Die Mittellängen b, d, h, k, l, t haben Oberlängen, die Mittellängen g, j, p, q, y haben Unterlängen.
3. Die *Langlängen* wie z.B. f und Sütterlin-h erstrecken sich über drei Zonen.

Die nach unten gehenden Striche der Buchstaben werden *Grundstriche* genannt; die nach oben gehenden Striche heißen *Haarstriche*.

Als *Schriftblock* bezeichnet man die vom Text bedeckte Fläche, mit Ausnahme folgender Textteile:
1. Einleitende und abschließende Grußworte, Titel, Anschriften etc.
2. Markierungen auf dem Linksrand (z.B. Numerierungen).

4. Die Variablen der Handschrift

Alle graphischen Schrifteigenheiten und die sie beeinflussenden Faktoren werden unter dem Begriff *Handschriftenvariablen* zusammengefaßt. Die Gesamtheit der an einer gegebenen Handschrift eruierbaren Variablen ergeben den *graphischen Tatbestand* der Schrift.

4.1 Die graphischen Bestandteile der Schrift

Nach Grundhypothese 2 besteht jede Handschrift aus einer großen Anzahl unabhängig voneinander variierender graphischer Variablen. Daher gilt es zuerst einmal festzustellen, welche Bestandteile an der Schrift überhaupt unterschieden werden können.

Betrachtet man eine Handschriftenprobe, dann kann man an ihr Buchstaben, Wörter, Absätze, Ränder unterscheiden. Jeder Buchstabe hat eine bestimmte Größe und Neigung, ist rund oder kantig, gegenüber der Schulvorlage vereinfacht oder bereichert. Die Bindungen zwischen den Buchstaben können verschiedene Ausformungen haben. Die Abstände innerhalb und zwischen den Buchstaben können eng oder weit sein, die Strichführung regelmäßig oder unregelmäßig.

Die aus Buchstaben zusammengesetzten Wörter bilden gerade, gewölbte, steigende, fallende oder gewellte Zeilen. Zwischen den Wörtern gibt es einen horizontalen und einen vertikalen Abstand. Um den Schriftblock herum gibt es Ränder, und die Verteilung der „Wortmasse" auf der Schreibfläche kann auf den Betrachter einen harmonischen oder disharmonischen Eindruck machen. Und schließlich kann die Schrift drängend, dynamisch, geordnet, chaotisch oder sonstwie geartet erscheinen.

Jede der eben genannten Komponenten stellt eine Handschriftenvariable dar. Die Aufzählung kann beliebig fortgesetzt werden. Die Zahl der Handschriftenvariablen ist nämlich praktisch unbegrenzt. Mehrmals wurde der Versuch unternommen, Ordnung in die Vielfalt der Handschriftenvariablen zu bringen (z.B. C. Groß, 1942; Lewinson, 1956). Diese Versuche decken jedoch nicht alle Anforderungen, die an ein derartiges System in der Praxis gestellt werden können.

4.2 Das System der Handschriftenvariablen

Ein allumfassendes System wurde erstmals Ende der 50er Jahre vorgelegt. Eine ausführliche Beschreibung dieses Systems mit Begründungen für die Aufteilung der Variablen in verschiedene Kategorien und die dabei auftretenden Probleme findet der interessierte Leser bei Wallner (1959). Hier sollen nur die wesentlichsten Daten aus diesem System besprochen werden. Das in Abbildung 4.1 gezeigte Schema ist gegenüber dem Original von 1959 leicht redigiert.

Abb. 4.1: Das System der Handschriftenvariablen nach Wallner (1959)

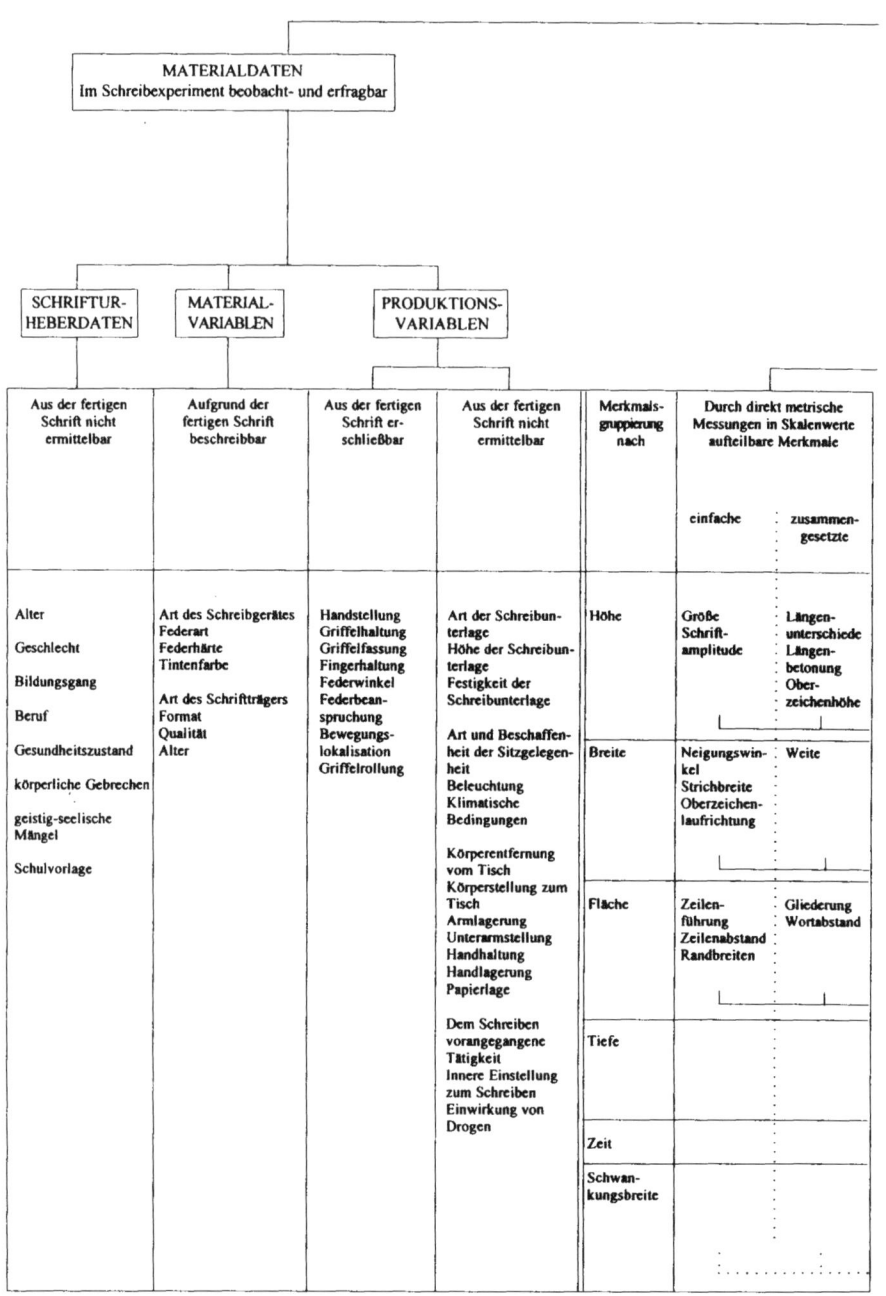

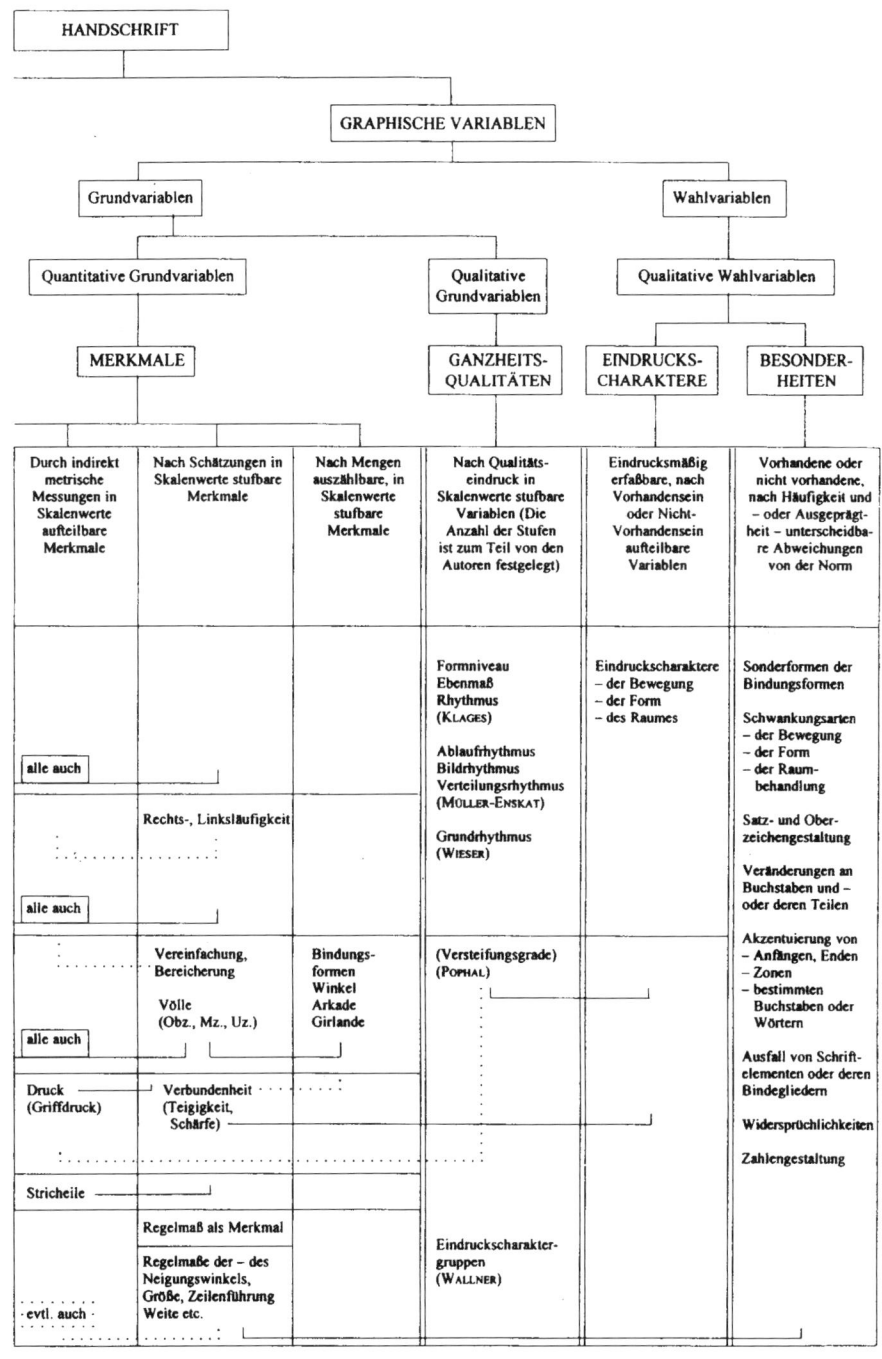

HANDSCHRIFT

GRAPHISCHE VARIABLEN

Grundvariablen — Wahlvariablen

Quantitative Grundvariablen — Qualitative Grundvariablen — Qualitative Wahlvariablen

MERKMALE — GANZHEITS-QUALITÄTEN — EINDRUCKS-CHARAKTERE — BESONDER-HEITEN

Durch indirekt metrische Messungen in Skalenwerte aufteilbare Merkmale	Nach Schätzungen in Skalenwerte stufbare Merkmale	Nach Mengen auszählbare, in Skalenwerte stufbare Merkmale	Nach Qualitäts-eindruck in Skalenwerte stufbare Variablen (Die Anzahl der Stufen ist zum Teil von den Autoren festgelegt)	Eindrucksmäßig erfaßbare, nach Vorhandensein oder Nicht-Vorhandensein aufteilbare Variablen	Vorhandene oder nicht vorhandene, nach Häufigkeit und – oder Ausgeprägt-heit – unterscheidba-re Abweichungen von der Norm
			Formniveau Ebenmaß Rhythmus (KLAGES)	Eindruckscharaktere – der Bewegung – der Form – des Raumes	Sonderformen der Bindungsformen
			Ablaufrhythmus Bildrhythmus Verteilungsrhythmus (MÜLLER-ENSKAT)		Schwankungsarten – der Bewegung – der Form – der Raum-behandlung
alle auch	Rechts-, Linksläufigkeit		Grundrhythmus (WIESER)		Satz- und Ober-zeichengestaltung
alle auch					Veränderungen an Buchstaben und – oder deren Teilen
	Vereinfachung, Bereicherung	Bindungs-formen Winkel Arkade Girlande	(Versteifungsgrade) (POPHAL)		Akzentuierung von – Anfängen, Enden – Zonen – bestimmten Buchstaben oder Wörtern
alle auch	Völle (Obz., Mz., Uz.)				Ausfall von Schrift-elementen oder deren Bindegliedern
Druck (Griffdruck)	Verbundenheit (Teigigkeit, Schärfe)				Widersprüchlichkeiten
Stricheile					Zahlengestaltung
	Regelmaß als Merkmal				
evtl. auch	Regelmaße der – des Neigungswinkels, Größe, Zeilenführung Weite etc.		Eindruckscharakter-gruppen (WALLNER)		

29

4.2.1 Die Materialdaten

Die beim Schreibakt entstehenden graphischen Variablen werden stets von außenstehenden Faktoren mehr oder weniger stark beeinflußt. Diese Faktoren werden unter der Bezeichnung *Materialdaten* zusammengefaßt. Da die Materialdaten für das Zustandekommen der individuellen Schrift von Bedeutung sind, müssen sie bei der Ermittlung des graphischen Tatbestandes beachtet werden.

Die Materialdaten können in drei Gruppen aufgeteilt werden.

4.2.1.1 Persönliche Daten / Schrifturheberdaten

Die erste Gruppe der Materialdaten umfaßt die
– *Daten zur Person* des Schrifturhebers wie Alter, Geschlecht, Ausbildung und Beruf, Nationalität, Schulvorlage beim Erlernen des Schreibens, Gesundheitszustand, Körperbehinderungen, Rechts- oder Linkshändigkeit sowie Angaben über den
– *Zweck des Schreibens*: Persönliche Aufzeichnungen, Privatbrief, Schreiben an Behörden, Bewerbungsschreiben.

Der Zweck des Schreibens geht meist unmittelbar aus dem Text hervor. Er wirkt sich in vielen Fällen auf die Qualität der Schriftproduktion aus.

Die Daten zur Person (auch *Schrifturheberdaten* genannt) müssen in den meisten Fällen anderweitig eingeholt werden. Vollständige und korrekte Daten sind mehr als wünschenswert, da sie eine wesentliche Voraussetzung für die richtige Beurteilung der Schrift sind. Gesetzt, eine Handschrift enthält viele Zitterzüge. Es versteht sich von selbst, daß diese bei einem Achtzigjährigen anders bewertet werden müssen als bei einem achtzehn Jahre jungen Mann, der vorgibt, sich bester Gesundheit zu erfreuen. Ein „Tennisarm", Drogen- und Alkoholmißbrauch, aber auch neurologisch bedingte Spasmen wirken sich erfahrungsgemäß auf die Schriftproduktion aus. Diese und ähnliche – aus der Schrift nicht ablesbare – Hintergründe entziehen der sachgerechten Beurteilung die Grundlage, solange sie dem Beurteiler unbekannt sind.

4.2.1.2 Materialvariablen

Die zweite Gruppe der Materialdaten umfaßt alle *aufgrund der fertigen Schrift beschreibbaren materialen Variablen*. Zu ihnen gehören Art und Qualität des verwendeten Papiers, Art und Beschaffenheit des Schreibgeräts (z.B. Kugelschreiber, Bleistift, Stahlfeder, deren Härte- resp. Feinheitsgrad) sowie die Farbe der Tinte oder Schreibpaste.

Diese Daten sind für die psychologische Auswertung der Schrift aber nur dann von Interesse, wenn sie die Schriftproduktion beeinflussen oder eine eigene „psychische Ladung" zu haben scheinen. Es ist ja kaum ein reiner Zufall, wenn eine Person konsequent und ohne äußeren Zwang mit violetter, lila oder grüner Tinte oder gar mit silberfarbener Tinte auf schwarzem Papier schreibt. Dasselbe gilt für außergewöhnliche Papiersorten oder -formate und andere Extravaganzen.

4.2.1.3 Die Produktionsvariablen

Die dritte Gruppe der Materialdaten besteht aus *Produktionsvariablen*, das heißt aus allen *Variablen, die mit der Schreibtätigkeit zusammenhängen* oder sie unmittelbar beeinflussen.

Gewisse Produktionsvariablen kann der Fachmann unter normalen Voraussetzungen aufgrund der fertigen Schrift erschließen. Hierher gehören Handstellung und Handhaltung, Griffelfassung, Fingerhaltung und die Lage des Papiers während des Schreibaktes. Mit Sicherheit lassen sich diese Variablen allerdings nur im Schreibexperiment erfassen. Da sie sich ihrer Eigenart gemäß auf die Schriftproduktion und damit auf das Schreibresultat auswirken, sollten sie möglichst erfragt werden.

Darüber hinaus gibt es die bereits genannten *zufällig auf die Schriftproduktion einwirkenden und die situationsgebundenen Faktoren*, die eine schriftverändernde Wirkung haben. Von diesen können hier nur die wichtigsten aufgeführt werden.

Das Schreiben auf einer instabilen Unterlage (besonders z.B. in Fahrzeugen) führt oft zu Entgleisungen oder Verkrampfungen. Andauernde oder plötzliche Geräusche (z.B. ein Knall) können dieselben Folgen haben. Art und Qualität der Schreibunterlage und der Beleuchtung (schwach, blendend, farbig) und die Beschaffenheit der Sitzgelegenheit bilden eine weitere Gruppe von möglichen Störfaktoren. Auch klimatische Besonderheiten wie extreme Temperaturen oder Luftdruckverhältnisse, aber auch Föhn oder andere regionale, auf das menschliche Verhalten einwirkende Besonderheiten gehören hierher. Situationsgebundene psycho-physische Faktoren wie körperliche Müdigkeit, die innere Einstellung zum Schreiben (ablehnend, indifferent, bereitwillig) und Anforderungsdruck (Streß) sind ebenfalls Faktoren, die die Schriftproduktion beeinflussen. Schließlich seien auch noch eventuell vor dem Schreiben eingenommene Medikamente, Drogen, Alkoholika etc. als eine Kategorie von Störfaktoren genannt, die zu außerordentlich starken Veränderungen der Schrift führen können.

Ihren Entstehungsbedingungen gemäß können die situations- und zufallsbedingten Veränderungen in der fertigen Schrift oft nicht ohne weiteres von den habituellen unterschieden werden. Identifizierte „Störfaktoren" sollten deshalb wie Daten zur Person behandelt werden.

4.2.2 Die graphischen Variablen

4.2.2.1 Die Grundvariablen

Aus der Gesamtheit der graphischen Variablen lassen sich eine begrenzte Anzahl von Variablen ausgliedern, die in jeder Handschrift vorkommen. Eine Schrift ohne eine gewisse Größe oder Weite ist zum Beispiel nicht denkbar. Solche Variablen sind konstituierende Bestandteile jeder Handschrift. Sie werden deshalb *Grundvariablen* genannt.

Es gibt zwei Kategorien von Grundvariablen:
• Merkmale und
• Ganzheitsqualitäten

Die *Merkmale* sind die Elemente oder Bausteine der Handschrift. Die bekanntesten unter ihnen sind die bereits genannten Variablen *Größe* und *Weite*. Daneben gibt es den *Neigungswinkel*, die *Längenunterschiede*, die *Längenbetonung*, *Wort-* und *Zeilenabstand*, *Rechts-* und *Linksläufigkeit*, *Vereinfachung* und *Bereicherung*, *Druckstärke*, *Verbundenheitsgrad*, *Gliederung* und die verschiedenen *Bindungsformen* (*Arkade*, *Winkel*, *Girlande* und *Doppelbogen* respektive *Faden*).

Ganzheitsqualitäten sind Variablen, die das Erscheinungsbild der gesamten Schrift bestimmen. Dazu gehören *Regelmaß*, *Eigenart*, verschiedene Formen von *Rhythmus*, das *Formniveau* nach Klages und die *Versteifungsgrade* nach Pophal.

Diese Aufzählung der Merkmale und Ganzheitsqualitäten ist nicht vollständig. Hier wurden nur die bekanntesten und gebräuchlichsten Variablen genannt. In der Literatur kommen zudem noch einige Spezies vor, die von einzelnen Autoren erdacht worden sind und oft nur von diesen verwendet werden.

4.2.2.2 Die Wahlvariablen

Die überwiegende Mehrzahl der graphischen Variablen besteht jedoch nicht aus Grundvariablen, sondern aus bewußten oder unbewußten Hinzufügungen oder Veränderungen an der Schrift durch den jeweiligen Schreiber. Es handelt sich hier um seine eigenen Schöpfungen. Da das Zustandekommen dieser Variablen von der bewußten oder unbewußten Wahl des Schrifturhebers abhängt, werden sie *Wahlvariablen* genannt. Die Wahlvariablen haben keine Ausprägungsgrade: Entweder sind sie in einer Schrift vorhanden, oder sie fehlen. Es handelt sich also um *dichotomische (zweigeteilte) Variablen*.

Wahlvariablen sind stets qualitativer Art.

Bei den Wahlvariablen können zwei Gruppen unterschieden werden:
• Eindruckscharaktere und
• Besonderheiten

Die *Eindruckscharaktere* sind *Erscheinungseigenschaften*, die dem Betrachter unmittelbar aus der Handschrift entgegentreten.

„Eindruckscharaktere kann man nicht definieren, sondern nur umschreiben, und man kann sie nicht messen, sondern nur ihren Ausdrucksgehalt erfassen" (Müller, 1957).

Der Betrachter kann die Eindrücke mit Begriffen wie *individuell, lebendig, dynamisch, gekünstelt* verbalisieren. Die Eindruckscharaktere sind in einer Schrift objektiv vorhanden oder nicht vorhanden, wobei mit „objektiv" in diesem Zusammenhang „dem Objekt zukommend" gemeint ist.

Man kann die Eindruckscharaktere in drei Gruppen aufteilen:
- Eindruckscharaktere der Bewegung (z.B. zögernd, übereilt)
- Eindruckscharaktere der Form (z.B. kantig, gerundet)
- Eindruckscharaktere des Raumes (z.B. kahl, leer)

Die Grenzen zwischen diesen Kategorien sind fließend. Überlagerungen können vorkommen.

Da jede Wesensbeschreibung irgendwann einmal auf eine Handschrift zutreffen kann, ist die Anzahl der Eindruckscharaktere unbegrenzt. Eine Zusammenstellung von gebräuchlichen Eindruckscharakteren für Übungszwecke findet sich in Kapitel 6 (Eindruckscharaktere).

Besonderheiten sind stets *Dingeigenschaften*. Sie ergeben sich bei Abweichungen von der Norm. Sie sind in der Schrift entweder vorhanden oder nicht vorhanden. Die Besonderheiten lassen sich ebenfalls in mehrere Gruppen aufteilen:
- Sonderformen der Bindungsformen
- Schwankungsarten der Bewegung, der Form- und Raumbehandlung
- Akzentuierung von Anfängen, Enden, Zonen, bestimmten Buchstaben und Wörtern
- Veränderungen von Buchstaben und deren Teilen
- Ausfall von Schriftelementen oder deren Bindegliedern
- Besonderheiten der Satz- und Ober-(Unter-)zeichenbehandlung
- Besonderheiten der Zahlenbehandlung
- Widersprüchlichkeiten in der Schrift

Da die Besonderheiten das Ergebnis eigenwilliger Änderungen an der Norm sind, gibt es unzählige, eindeutig voneinander unterscheidbare Varianten in jeder der eben aufgeführten Gruppen. Eine Liste mit fast 100 der am häufigsten vorkommenden Besonderheiten wird im Kapitel 6 (Besonderheiten) für Übungszwecke und als Gedächtnisstütze angeboten.

4.3 Interkorrelationen bei graphischen Variablen

Die strikte Einteilung der graphischen Variablen könnte den Eindruck erwecken, als existierten die Variablen völlig unabhängig voneinander. Das ist jedoch nicht der Fall: Viele Variablen korrelieren etwas, manche signifikant und einige sogar hochsignifikant miteinander.

So korrelieren *Größe* und *Weite* hoch miteinander und in unterschiedlicher Stärke außerdem auch noch mit anderen Merkmalen. Das ist nicht weiter erstaunlich: *Weite* z.B. ist per Definition eine Funktion der *Größe*.

Aber auch Ganzheitsqualitäten können miteinander und mit Merkmalen korrelieren (z.B. *Bewegungsrhythmus* mit *Formrhythmus*; *Größe* mit den *Spannungsgraden*).

Interkorrelationen sind immer dann zu erwarten, wenn die Definitionen der Variablen gemeinsame Komponenten enthalten.

Allgemeingültige Richtwerte über Interkorrelationen gibt es nicht, da alle bisher zum Thema vorgelegten Untersuchungsergebnisse nur Stichprobencharakter haben. Aber eindeutige Tendenzen können in den Untersuchungen von Fahrenberg (1961), Lockowandt (1964), Doubrawa (1978) und vielen anderen Forschern aufgespürt werden.

Die Kenntnis derartiger Zusammenhänge gewinnt für die diagnostische Auswertung einer Schrift dann Bedeutung, wenn sie *„gegenkorrelative"* Symptome (etwa dominante Größe bei *gleichzeitig* dominanter Weite) zeigt. Dieser Umstand rechtfertigt die separate Ermittlung auch hoch miteinander korrelierender Variablen.

5. Die Ermittlung des graphischen Tatbestandes

Da die exakte Ermittlung des graphischen Tatbestandes eine unabdingbare Voraussetzung für jede schriftpsychologische Aussage und jeden forensischen Handschriftenvergleich ist, wird sie in diesem Kapitel ausführlich behandelt.

Anschließend werden ausgewählte graphische Variablen zu Übungszwecken angeboten.

5.1 Anforderungen an das Handschriftenmaterial

Die zur Ermittlung des graphischen Tatbestandes vorliegenden Schriftproben sollen in *Buchstabenschrift* abgefaßt sein. *Laufschrift* ist erwünscht, aber nicht Bedingung. Folglich können auch *Druck- und Großbuchstabenschriften* ausgewertet werden (Dosch, 1991).

Der *Schriftträger* soll aus mindestens einem Blatt normalen, unlinierten Schreibpapiers in normaler Größe (möglichst A4 oder ähnlich) bestehen und voll beschrieben sein. Bei geringerem *Textumfang* (in der Fachliteratur werden oft 10 Textzeilen als unterste Toleranzgrenze genannt) besteht das Risiko, daß zufallsbedingte Schriftveränderungen als normale Ausprägungsformen gewertet werden. Je umfangreicher das zur Verfügung stehende Material ist (gerne in Form von Längs- und/oder Querschnitten), um so deutlicher treten die verschiedenen Formen der intraindividuellen Variation (1.4.2) zutage.

Die für die Schriftprobe geltenden *Entstehungsumstände* sollten soweit wie möglich bekannt sein.

Das *Schreibgerät* (z.B. Kugelschreiber, Bleistift, Filzstift oder Stahlfeder) sollte stets vom Schrifturheber selbst gewählt worden und bei der Schriftproduktion voll funktionstauglich gewesen sein.

Bei *Abweichungen* von diesen Grundforderungen sollte die Bearbeitung der unzureichenden Schriftprobe tunlichst unterbleiben. Liegen zwingende Gründe für eine Auswertung vor, muß diese stets unter eindeutig begründetem Vorbehalt geschehen.

Die Schriftprobe sollte im Original vorliegen. Es kann aber auch mit *Kopien* gearbeitet werden. In Fachkreisen wird dies mit dem Hinweis auf den beim Kopieren entstehenden Informationsverlust oft strikt abgelehnt. Dieses Argument ist aber nur bedingt stichhaltig. Die heutigen Reproduktionstechniken ermöglichen die Herstellung äußerst naturgetreuer Kopien. Reine Schwarzweißkopien haben sogar den Vorteil, daß sie fast alle irrelevanten Daten eliminieren, so daß nur die reine Schriftspur und allerdings z.B. auch eventuelle Linienvordrucke oder Bebilderungen übrigbleiben. Alle Berührungspunkte zwischen Schreibgerät und Papier werden gleich schwarz und damit gleich deutlich reproduziert.

Zudem kann man auf Kopien Markierungen und Leitlinien anbringen, was bei Originalen oft nicht zulässig ist. Manchmal sind solche Markierungen fast eine Notwendigkeit, wenn man den Überblick behalten will. Ein Beispiel bietet die Ermittlung der Bindungsformen (Kapitel 6.1.8).

Der einzige bedeutende Informationsverlust entsteht an den am Original oft unmittelbar sichtbaren und gelegentlich sogar tastbaren Druckkomponenten und eventuell auch an der persönlichkeitsabhängigen Strichstruktur. Diese Variablen werden beim Kopieren „gelöscht". Allerdings bleiben die durch Druck entstehenden Farbverdichtungen erhalten. Der Verlust ist also nicht total. Bei Bedarf kann meist immer noch auf das Original zurückgriffen werden.

Die Erfahrung hat gezeigt, daß mit technisch einwandfreien Kopien gearbeitet werden kann, ohne daß die Ergebnisse merkbar beeinträchtigt werden (Wallner, 1991). Aber auch diese Abweichung von der Norm sollte stets protokolliert werden.

5.2 Das Protokollierungsverfahren

Wenn bestmögliche Erfassung der graphischen Variablen angestrebt wird, dann muß – darauf wurde schon mehrmals hingewiesen – vor allem der Ermessensspielraum der präsumtiven Beurteiler soweit wie möglich eingeschränkt werden. Dazu bedarf es eindeutiger, mit wegweisenden Kommentaren, ausführlichen Protokollierungsanweisungen und anschaulichen Beispielen versehener Definitionen. Eine Auswahl von Beispielen wird in extenso im Kapitel 6 geboten. In *diesem Kapitel* werden zuerst einmal die für eine korrekte Ermittlung des graphischen Tatbestandes notwendigen Voraussetzungen und empfehlenswerten Verfahren beschrieben.

Zur Ermittlung des graphischen Tatbestandes werden in der schriftpsychologischen Praxis seit je vorgedruckte Formulare benutzt. Ihre Ausformung folgt meist den Intentionen ihres Autors. Bei Müller & Enskat (1993) heißt das Formular *Vorarbeitenblatt*, da es die Grundlage für den von ihnen vorgesehenen Auswertungsgang bildet.

Im vorliegenden Kompendium werden insgesamt *drei verschiedene Ermittlungsprotokolle* verwendet. Sie sind nur für Übungen an den im Kapitel 6 angebotenen graphischen Variablen vorgesehen. (Das *Bindungsformen-Protokoll* kann allerdings auch in der schriftpsychologischen Praxis und Forschung benutzt werden.) Die im Text gezeigten Protokoll-Modelle müssen für die praktische Anwendung selbstverständlich mit Platz für Identifizierungsdaten versehen werden.

1. Das *Grundvariablen-Protokoll* (Abbildung 5.1) dient der Registrierung der Ausprägungsgrade (5.2.1) von 19 ausgewählten Grundvariablen. Es werden nur 5- und 7-stufige Skalen verwendet (Ausnahme: Spannungsgrade nach Pophal).

Auf diesem Protokoll sollen auch Besonderheiten und Materialdaten registriert werden.

2. Das *Bindungsformen-Protokoll* soll für die anweisungsgemäße Registrierung der Bindungsformen verwendet werden. Sein Aussehen und seine Anwendung werden im Zusammenhang mit der Definition der Bindungsformen in Kapitel 6.1.8 beschrieben.

3. Das *Eindruckscharakter-Protokoll* (Kapitel 6.3) enthält 150 auf 24 Gruppen verteilte Eindruckscharaktere. Die ersten 12 Gruppen enthalten vorwiegend bewegungsbezogene Eindruckscharaktere, die übrigen vorwiegend formbezogene. Die Zusammenstellung wurde von W.H. Müller (1957) zur Durchführung eines Experiments über die Erfaßbarkeit von Eindruckscharakteren besorgt. Unter diesen 150 Eindruckscharakteren sollen die für eine gegebene Schrift passenden Eindruckscharaktere herausgesucht werden.

Wenn nur eine einzige Schrift ausgewertet werden soll, ist es vorteilhaft, *Referenzmaterial* zum Vergleich zur Hand zu haben. Ein solches Material kann gut und gerne aus 20 bis 30 möglichst heterogenen Schriftproben bestehen.

Abb. 5.1: Grundvariablen-Protokoll

GRAPHISCHE VARIABLEN	1	2	3	4	5	6	7	ANMERKUNGEN
1.1 Linksrandbreite						XXXX		
1.2 Linksrandneigung						XXXX		
1.3 Zeilenführung						XXXX		
1.4 Zeilenabstand								
1.5 Größe								
1.6 Neigungswinkel								
1.7 Weite								
1.8 Bindungsformen:Arkaden								
:Winkel								
:Girlanden								
:Faden s/l								
1.9 Verbundenheitsgrad								
1.10 Längenbetonung								
1.11 Längenunterschiedlichkeit								
1.12 Magerkeit und Völle								
1.13 Regelmaß								
1.14 Schreibtempo								
1.15 Gliederung								
2.1 Expansion der Bewegung								
2.2 Form-Bewegungsbetonung						XXXX		
2.3 Egenart								
2.4 Spannungsgrad						XX		

5.2.1 Die Erfassung von Grundvariablen

An allen Grundvariablen kann man verschiedene *Ausprägungsgrade* unterscheiden. Diese Grade können immer geschätzt, in gewissen Fällen auch gemessen werden (Wallner, 1960). Messungen sind – bis auf wenige Ausnahmen – umständlich und zeitraubend, ohne wesentlich bessere Ergebnisse zu erbringen (Wallner, 1961). Daher kann in der Praxis getrost geschätzt werden. In wissenschaftlichen Untersuchungen dagegen ist die Fragestellung ausschlaggebend, ob gemessen oder geschätzt werden soll.

Die Ausprägungsgrade können – je nach Beschaffenheit der Variablen – über eine beliebige Anzahl von numerierten *Skalenstufen* verteilt werden. Meist werden 3-, 5-, 7- oder 9-stufige Skalen benutzt.

Die einzelnen Skalenstufen lassen sich jedoch auch ganz schlicht benennen. Von einem angenommenen oder de facto gegebenen Mittelwert ausgehend, sind folgende Benennungen für Ausprägungsgrade üblich:

eher > ausgeprägt > dominant > überwertig
über respektive **unter** dem Mittelwert

Das Verhältnis zwischen Benennung und „Benotung" kann aus der Umwandlungstabelle für Skalenwerte (Tabelle 5.1) abgelesen werden.

Tab. 5.1: Umwandlungstabelle für Skalenwerte

Benennung der Ausprägungsstufe	Anzahl Skalenstufen			
	3	5	7	9
extrem über mittel (überwertig)				9
dominant über mittel			7	8
ausgeprägt über mittel		5	6	7
eher über mittel	3	4	5	6
mittel	2	3	4	5
eher unter mittel	1	2	3	4
ausgeprägt unter mittel		1	2	3
dominant unter mittel			1	2
extrem unter mittel (überwertig)				1

Die Bezifferung stellt also keinen absoluten Wert dar, sondern richtet sich stets nach dem Umfang der Skala. So bedeutet beispielsweise
„Größe 3" in einer   3-stufigen Skala **„über mittelgroß"**
                                5-stufigen Skala **„mittelgroß"**
                                7-stufigen Skala **„eher unter mittelgroß"**
                                9-stufigen Skala **„ausgeprägt unter mittelgroß"**

Umgekehrt wird eine mittelgroße Schrift mit
    2 * 3 * 4 oder 5 bewertet, je nachdem, ob sie in eine
    3- * 5- * 7- oder 9-stufige Skala eingestuft wird.

Eine eher große Schrift wird mit
    3 * 4 * 5 oder 6 bewertet, je nachdem, ob sie in eine
    3- * 5- * 7- oder 9-stufige Skala eingestuft wird.

Eine eher kleine Schrift wird mit
    1 * 2 * 3 oder 4 bewertet, je nachdem, ob sie in eine
    3- * 5- * 7- oder 9-stufige Skala eingestuft wird.

Eine extrem (überwertig) große Schrift wird mit
    3 * 5 * 7 oder 9 bewertet , je nachdem, ob sie in eine
    3- * 5- * 7- oder 9-stufige Skala eingestuft wird.
(In einer nur 3-stufigen Skala fällt sie also in ein und dasselbe Fach wie „eher", „ausgeprägt" und „dominant" große Schriften; in einer 5-stufigen Skala fällt sie immer noch zusammen mit „ausgeprägt" und „dominant" großen Schriften.)

Eine extrem (überwertig) kleine Schrift wird in jeder Skala mit 1 bewertet.
(In einer nur 3-stufigen Skala fällt sie also in ein und dasselbe Fach wie „eher", „ausgeprägt" und „dominant" kleine Schriften; in einer 5-stufigen Skala fällt sie immer noch zusammen mit „ausgeprägt" und „dominant" kleinen Schriften.)

Nur in wenigen Fällen sind die Stufen durch einen Autor von vornherein festgelegt und definiert.

Da es weder repräsentative Angaben über die Häufigkeitsverteilung der Ausprägungsgrade in den Grundvariablen, noch zuverlässige Angaben über Mittelwerte gibt, muß man sich mit *Setzungen* behelfen.

Zur *Festlegung des Mittelwerts* kann je nach den speziellen Anforderungen von Praxis und Forschung unter mehreren Möglichkeiten gewählt werden.
• Der „natürliche", „maßorientierte" Mittelwert wird eingesetzt. Beim Neigungswinkel z.B. bietet sich automatisch die Steilheit an.
• Der durch (Industrie-)Normen festgelegte, „praxisorientierte" Mittelwert wird übernommen (wie z.B. bei der Linksrandbreite).

• Die durch Messungen an einem umfangreichen Material gewonnenen „Roh-
werte" werden für den „Alltagsgebrauch" zurechtgemacht (justiert).

• Die an einem zufällig zusammengesetzten Handschriftenmaterial (N mindestens > 200) gefundenen Ausprägungen werden nach der Normalverteilung verteilt. Die größte Gruppe repräsentiert den Mittelwert. (Diese Art eignet sich
besonders für die Festlegungen bei Ganzheitsqualitäten.) Für die Numerierung der
Skalenstufen (1 bis x) wird eine der Variablen innewohnende Größenordnung
benutzt. Meist wird der Wert Eins (1) für die kleinsten Buchstaben, Zeilenabstände,
Randbreiten etc. und die am geringsten ausgeprägten Ganzheitsqualitäten gesetzt.
Die gegenteiligen Ausprägungsformen erhalten den vorgesehenen Höchstwert.
Diese Skalenrichtung ist selbstverständlich stets reversibel.

Jedes Verfahren hat Vor- und Nachteile, die auf ihre Weise auf die Häufigkeitsverteilung zwischen den Stufen der Variablen einwirken. Welchen Weg man auch
wählen mag: Es müssen sich sinnvolle, klar unterscheidbare Stufen ergeben.

Zu den im Kapitel 6 vorgelegten Definitionen von Merkmalen werden zur Erleichterung der Diagnose „*Richtwerte für die Skalenstufen*" angeboten.

5.2.1.1 Erfassung von Merkmalen

Zur Abgrenzung der Skalenstufen werden bei den Merkmalen oft Richtwerte in
Form von Winkelgraden, Millimetern oder gar Zehntelmillimetern angegeben. Das
mag akribisch erscheinen. Es handelt sich jedoch um Angaben, die eine notwendige
Voraussetzung für die Schätzung von Ausprägungsgraden bilden. Mit dieser
Orientierungshilfe lassen sich nämlich adäquate Demonstrationsbeispiele für die
Skalenstufen erstellen.

Bei der Beurteilung von Ausprägungsgraden ist es ratsam, den Schwerpunkt der
Auswertung primär auf die zweite Hälfte (letzte Seite) des Textes zu verlegen,
soweit die Instruktion nichts anderes vorschreibt. Der Schreiber ist dort mehr
„eingefahren", seine Schrift „natürlicher" als am Anfang.

Das Ergebnis der Bewertung des Ausprägungsgrades einer Grundvariablen wird
im Grundvariablen-Protokoll durch ein Kreuz (X) hinter der Variablenbezeich-
nung unter dem festgestellten Skalenwert markiert. Angenommen, der Zeilenabstand einer Schrift wird als „*eher über mittel*" bewertet, dann wird das Kreuz bei
7-stufiger Skala wie in Abbildung 5.2, Zeile 1.4 gesetzt.

Bei großen Schwankungen innerhalb eines Merkmals wird ein Mittelwert
bestimmt, der sich nach dem am häufigsten vorkommenden Ausprägungsgrad
richtet. Diese Feststellung wird ins Protokoll eingetragen. Die Variationsbreite
wird am einfachsten durch Punkte im Protokoll markiert (s. Zeile 1.6 der Abb. 5.2).
Die Schrift ist also „eher rechtsschräg". Gelegentlich kommen aber auch „ausgeprägte Rechtsschrägheit" *und* „ausgeprägte Linksschrägheit" vor.

Gibt es in einer Schriftprobe zwei gleichwertige, aber markant voneinander
verschiedene Ausprägungsgrade (z.B. ausgeprägt große und ausgeprägt kleine
Kurzlängen), dann werden beide Ausprägungsgrade gleich stark markiert (s. Zeile
1.5 der Abb. 5.2).

Abb. 5.2: Ausschnitt aus dem Grundvariablen-Protokoll

GRAPHISCHE VARIABLEN		1	2	3	4	5	6	7	ANMERKUNGEN
1.4	Zeilenabstand				X				
1.5	Größe	X			X				
1.6	Neigungswinkel	*			X	*			
1.7	Weite			X					sekundäre Weite

Sollen mehrere oder gar viele Proben verschiedener Schrifturheber gleichzeitig ausgewertet werden, dann ist es stets ratsam, jeweils eine Variable durchgehend zu bearbeiten, ehe zur nächsten übergegangen wird. Dabei kann man so vorgehen, daß man zuerst eine grobe Aufteilung in drei Gruppen („unter mittel" – „mittel" – „über mittel") vornimmt. Schon diese Strukturierung der Arbeit ergibt einen brauchbaren, allerdings nicht immer ganz zuverlässigen *Referenzrahmen* für die nun folgende „Feinverteilung".

5.2.1.2 Erfassung von Ganzheitsqualitäten
Die Ausprägungsgrade von Ganzheitsqualitäten können unmittelbar geschätzt werden.

Zur Erhöhung der Sicherheit und Zuverlässigkeit der Ermittlung sollte jedoch systematisch vorgegangen werden. Zu diesem Zweck werden in diesem Kompendium in der Regel zwei inhaltlich diametrale Gruppen von einschlägigen Eindruckscharakteren vorgelegt, jede Gruppe in einer Spalte oder einem Block für sich. In gewissen Fällen (z.B. 6.2.3 Eigenart) wird die mittlere Ausprägung in einer eigenen Spalte durch Eindruckscharaktere definiert. Die auf eine Handschrift zutreffenden Eindruckscharaktere werden markiert. (Näheres über die Erfassung von Eindruckscharakteren siehe Abschnitt 5.2.2.) Mit Hilfe der auf diese Weise ausgewählten Eindruckscharaktere wird der Ausprägungsgrad der Ganzheitsqualität bestimmt.

In vielen Fällen sind nur die Eindruckscharaktere der einen Spalte zutreffend. Damit ist der *generelle Ausprägungsgrad* (z.B. *hoch* oder *niedrig*, aber nicht *mittel*) bereits festgelegt. Für die nun notwendige Bestimmung des *nominellen Ausprägungsgrades* (bei einer 7-stufigen Skala also von 1 bis 3 und von 5 bis 7) ist das Gewicht der einzelnen Eindruckscharaktere maßgebend. Je mehr Eindruckscharaktere einer Spalte als für die Schrift gültig markiert werden und je „stärker" oder „gewichtiger" sie sind, um so mehr sprechen sie für den unter dieser Spalte angegebenen Grundzug der Ganzheitsqualität.

Wenige „schwache" Eindruckscharaktere, noch dazu in beiden Spalten, weisen auf mittlere Ausprägung hin.

Wenige, aber „starke" Eindruckscharaktere dagegen motivieren meist die Wahl eines höheren Ausprägungsgrades.

Eine Ausnahme von dieser Verfahrensweise muß bei der Ermittlung des *Spannungsgrades* (nach Pophal) gemacht werden. Hier werden sechs Blöcke mit Eindruckscharakteren zur Feststellung des Spannungsgrades angeboten. Nähere Anweisungen finden sich im Kapitel 6 (2.4 Spannungsgrade).

Ähnlich könnte übrigens auch die Ermittlung des Formniveaus (nach Klages) vorbereitet werden.

Im übrigen gelten sinngemäß alle Regeln, die bereits für die Erfassung der Merkmale angeführt worden sind.

5.2.2 Die Erfassung von Eindruckscharakteren

Bei der unprogrammierten Erfassung der in einer Schriftprobe vorkommenden Eindruckscharaktere muß der Beurteiler die von der Probe ausgehenden Eindrücke spontan verbalisieren. Er ist dabei auf die Zugänglichkeit und den Umfang seines eigenen Wortschatzes angewiesen.

Das Ermittlungsverfahren wird wesentlich vereinfacht, wenn man von vornherein ein *Eindruckscharakter-Protokoll* (Kapitel 6.3) verwendet.

Bei den meisten der 150 im Protokoll aufgeführten Eindruckscharakteren handelt es sich um häufig vorkommende und praktisch unmißverständliche Attribute wie *geordnet, sicher, lebhaft* und *unbetont*. Manchmal kann es allerdings scheinen, als handle es sich um Synonyme. Es sind aber keine! Der Unterschied zeigt sich sofort, wenn man derartige Eindruckscharaktere auf eine konkrete Situation bezieht. Bei den Eindruckscharakteren *zögernd* und *vorsichtig* zum Beispiel ergibt sich der Unterschied unmittelbar, wenn das Verhalten einer Person beschrieben wird.

Unter den angebotenen Eindruckscharakteren kann man diejenigen heraussuchen und markieren, die zu einer gegebenen Schriftprobe passen. Das sollte ohne Schwierigkeiten möglich sein. Aber wie kann man feststellen, ob diese Beurteilungen zuverlässig sind und nicht nur unkontrollierbare subjektive Behauptungen?

W. H. Müller hat diese Frage mit den 150 im Protokoll aufgeführten Eindruckscharakteren experimentell untersucht (1957).

10 Gutachter erhielten den Auftrag, an 12 Schriften jeweils 20 zutreffende Eindruckscharaktere auszuwählen. Das bedeutete 200 Urteile pro Schrift.

Als anschauliches Beispiel für die Ergebnisse möge die einzige in seinem Forschungsbericht veröffentlichte Schriftprobe (Schriftprobe 5.1) dienen.

Schriftprobe 5.1: Müllers Schriftprobe J (1957)

GELEGENHEIT ZUR SELBSTPRÜFUNG

Der interessierte Leser wird eingeladen, aus der (nach unseren Kriterien für eine Beurteilung eigentlich unzureichenden) Schriftprobe 5.1 diejenigen 20 Eindruckscharaktere aus dem Eindruckscharakter-Protokoll (Kapitel 6.3) herauszusuchen und zu notieren, die ihm für die Schriftprobe am zutreffendsten erscheinen, ehe er das Textstudium fortsetzt. Dann hat er nämlich die seltene Möglichkeit, auf der nächsten Seite seine eigenen Beurteilungen mit den Urteilen eines Kollektivs von Fachleuten vergleichen zu können.

HALT !
ERST WEITERLESEN, WENN AUFGABE AUSGEFÜHRT IST!
Die Beurteilungen der 10 Gutachter werden nämlich schon auf der nächstfolgenden Seite mitgeteilt.

VERGLEICHSDATEN

Für die *Schriftprobe 5.1* wurden von den 10 Gutachtern unter den insgesamt 150 zur Verfügung stehenden Eindruckscharakteren 52 mit folgender Häufigkeit ausgewählt:

Zehnmal:	*schwungvoll*
Achtmal:	*expansiv – lebendig – farbig – gestaltet – flächig*
Siebenmal:	*wuchtig – ausladend – eigenwillig*
Sechsmal:	*großzügig – dynamisch – nachdrücklich – üppig – breit – eigenartig – darstellend – exzentrisch*
Fünfmal:	*selbständig – kultiviert*
Viermal:	*zügig – gewandt – überspannt – warm – phantasievoll – individuell – gerundet – breitspurig – schwer*
Dreimal:	*lebhaft – kraftvoll – sicher*
Zweimal:	*beweglich – ausgreifend – heftig – gespannt – monoton*
Einmal:	*flott – federnd – ungezwungen – aufgeblasen – unbeirrt – festgefahren – gestaut – flackernd – bestimmt – ruhend – derb – gehalten – eingeschient – durchgeformt – gewollt – maniriert*

Die übrigen 98 Eindruckscharaktere wurden nicht gewählt.

Diese Zusammenstellung zeigt, daß die Beurteiler bewußt gewählt haben: 19 der 150 angebotenen Eindruckscharaktere wurden von den 10 Beurteilern mindestens fünfmal benutzt. Auf diese 19 Indikatoren fallen 129 (65 %) der 200 abgegebenen Urteile. Die Streuung darüber hinaus und das Gefälle der Frequenzen können weitgehend auf die Versuchsanordnung zurückgeführt werden. Wer z.B. nicht unter den sieben „*wuchtig*"-Wählern ist, hat stattdessen entweder *kraftvoll* (zwei Beurteiler) oder *nachdrücklich* gewählt.

Die Beurteilungen an den übrigen 11 Experiment-Schriften sind ähnlich ausgefallen. Das schließt Zufallsergebnisse praktisch aus.

Eine eingehende Auswertung der Ergebnisse des gesamten Experiments findet der Leser in W. H. Müllers Forschungsbericht (1957) und eine kurze Würdigung bei Lockowandt (1993).

Um bestmögliche Ausnutzung des Eindruckscharakter-Protokolls zu gewährleisten, soll stets folgender Arbeitsgang eingehalten werden:

Jeder einzelne im Protokoll aufgeführte Eindruckscharakter wird daraufhin geprüft, ob er auf die vorliegende Schrift angewendet werden kann. Ein systematischer Durchgang vom Anfang bis zum Ende bietet Gewähr dafür, daß kein Eindruckscharakter übersehen wird. Die Qualität des Ergebnisses dürfte den Arbeitsaufwand dieses vielleicht pedantisch anmutenden Verfahrens in den meisten Fällen rechtfertigen.

Bei Übungen mit dem Eindruckscharakter-Protokoll sollte die Markierung von mindestens 20 passenden Eindruckscharakteren angestrebt werden. Um diese Aufgabe zu erleichtern und sie gleichzeitig der Praxis anzupassen, sollte der Beurteiler zuerst die „sicheren" Eindruckscharaktere markieren und dann die weniger sicheren. Die letzteren können mit Vorteil durch Einklammerung ( ) gekennzeichnet werden. In einem kritischen zweiten Durchgang können die fragwürdigen Markierungen wieder gestrichen werden, aber auch als „Grenz-markierungen" stehenbleiben.

Eine weitere Möglichkeit der Absicherung, aber auch der Ergänzung, bieten Zusätze aller Art. Eindruckscharaktere haben als dichotomische Variablen ihrer Natur gemäß keine Ausprägungsgrade. Das schließt nicht aus, daß man die in einer Schrift festgestellten Eindruckscharaktere mit Zusätzen wie *sehr, viel, etwas, gelegentlich, anfangs, stellenweise, am Ende* etc. versieht, wo dies angebracht erscheint.

Darüber hinaus steht es dem Beurteiler frei, eigene Wesensmerkmale in das Protokoll aufzunehmen.

Man kann sich aber beim Registrieren sicherheitshalber auch von Anfang an allein auf allem Anschein nach eindeutig zutreffende Eindruckscharaktere be-schränken. Aber dann wird die Ausbeute meist recht gering.

Wieviele Eindruckscharaktere in einer Schrift überhaupt gefunden werden können, hängt nicht nur von der Einstellung und Kompetenz des Beurteilers, sondern selbstverständlich auch von der jeweiligen Handschrift ab. Stark individu-ell geprägte Schriften sind immer ergiebiger als schlichte Alltagsschriften.

5.2.3 Die Registrierung von Besonderheiten

Besonderheiten können spontan erfaßt werden. Dennoch sollte die im Kapitel 6.4 als Arbeitshilfe angebotene Liste mit fast 100 Besonderheiten von Studierenden zwecks Einübung des Fragenkatalogs regelmäßig benutzt werden. Diese Liste gehört zu einem von Wallner (in press) ausgearbeiteten Register, in dem alle graphischen Variablen systematisch numeriert sind. Die Besonderheiten sind dort in der 7000-Serie zusammengefaßt. Um Orientierung und Kommunikation zu erleichtern, wurde die Numerierung beibehalten.

Da die Zahl der Besonderheiten unüberschaubar ist, werden nur die häufigsten bzw. bekanntesten Besonderheiten genannt. Diese Beschränkung ist notwendig, wenn wir uns nicht in uferlose Bereiche verlieren wollen.

Alle Besonderheiten (z.B. *sekundäre Weite*) werden in der Spalte für Anmerkun-gen (Zeile 1.7 in Abb. 5.2) oder auf der Rückseite des Grundvariablen-Protokolls verzeichnet.

Vereinzelte, in gleichen Zusammenhängen nicht wiederkehrende Besonderhei-ten, die durch reinen Zufall oder Störfaktoren (4.2.1.3) zustande gekommen sein können, sollen als solche am Rande vermerkt werden.

45

6. Definitionen ausgewählter graphischer Variablen

Allgemeine Bemerkungen zu den Definitionen und ihrer Anwendung

In der Handschriftendiagnostik gibt es keine allgemeingültigen und damit allgemein verbindlichen Variablendefinitionen. In Lehrbüchern und Forschungsberichten findet der interessierte Leser stattdessen eine schier unüberschaubare Anzahl von Definitionen. Es scheint, als habe jeder Autor eine eigene Version auf den Markt zu bringen versucht. Bei näherer Prüfung erweisen sich allerdings die meisten dieser Definitionen als so unpräzise, daß sie für eine sinnvolle Anwendung nicht zu gebrauchen sind.

Eine sachgerechte, korrekte und allgemeingültige Terminologie ist aber das wenigste, was man von einer wissenschaftlichen Methode verlangen kann. In der Handschriftendiagnostik täte sie jedenfalls bitter not.

Als erster Schritt in Richtung auf Erfüllung dieser Forderung wurden konkrete Vorschläge zur systematischen Registrierung aller in der Fachliteratur vorkommenden Definitionen ausgearbeitet (Wallner, in press). Mit Hilfe eines solchen Registers könnte man zunächst einmal die Spreu vom Weizen trennen.

Ein Teil dieses Registers wird in Kapitel 6.4 für die Ermittlung der Besonderheiten benutzt.

Im folgenden werden eine Reihe von graphischen Variablen zu Übungszwecken angeboten. (Sie können selbstverständlich jederzeit auch in der täglichen Praxis und vor allem in der Forschung verwendet werden.) Aus didaktischen Gründen sind diese Variablen hier nach dem Schwierigkeitsgrad der Erfassung geordnet.

Diese Übungsvariablen sollen aber auch als Beispiele dafür dienen, wie Definitionen abgefaßt sein sollten, wenn sie den bereits früher (unter 5.2.1) beschriebenen Anforderungen gerecht werden sollen.

Der Vergleich mit den in anderen Lehrbüchern angebotenen Definitionen sei dem kritischen Leser überlassen. Da es aber bekanntlich nichts Gutes gibt, was nicht verbessert werden kann, wird jeder Vorschlag zur Verbesserung der nächsten Auflage dankbar entgegengenommen. Bis dahin gelten im Zweifelsfalle stets die hier vorgelegten Definitionen.

Alle Grundvariablen-Definitionen werden nach folgendem Schema abgehandelt:

* Die Variable wird kurz und bündig definiert.
Die mit einem Sternchen (*) versehenen Definitionen stammen von Müller & Enskat (1993), die übrigen vom Verfasser.
* Danach werden detaillierte Protokollieranweisungen gegeben.
* Eine geeignete Anzahl von Skalenstufen wird empfohlen.

• Für die einzelnen Skalenstufen werden Richtwerte angegeben. Die jeweils vorgenommenen Setzungen werden meist kurz begründet.

• Es werden Hinweise auf Besonderheiten der Variable und deren Registrierung gegeben.

• Wo es nötig oder angebracht ist, werden Schriftbeispiele geboten, in gewissen Fällen allerdings nur für Extrem- und Mittelwerte. Bei einigen Variablen wurde bewußt auf bewährte Beispiele von Müller & Enskat (1993) zurückgegriffen.

• Wo sowohl Messung als auch Schätzung möglich ist, wird dies vermerkt. Messungen werden nur dann empfohlen, wenn sie in der Praxis ebenso leicht zu bewerkstelligen sind wie Schätzungen.

Über die vorgelegten Ermittlungsverfahren hinaus gibt es für Forschung und Praxis auch andere, vergleichbare Schätz- und Meßverfahren. Meist handelt es sich um Varianten, nur selten um völlig andersartige Verfahren. Für die Bindungsformen zum Beispiel wurde von Wallner & Sandahl eine kontinuierliche Skala von der Arkade über Winkel und Girlande zum Doppelbogen und Faden entwickelt und mit Erfolg erprobt (1990). Von denselben Autoren wurde auch eine Skalierungsvariante für die Pophalschen Versteifungsgrade vorgelegt (1993).

Anhand der gebotenen Definitionen und Registrierungsanweisungen kann sich der Studierende mit den Problemen und Schwierigkeiten bei der Ermittlung des graphischen Tatbestands vertraut machen und gleichzeitig seinen Blick für die graphischen Feinheiten und Eigenheiten von Handschriften schulen. Er soll ganz einfach das „schriftpsychologische Sehen" lernen und die praktische Ermittlung verschiedenartiger und unterschiedlich „schwerer" graphischer Variablen üben. Die Auswahl umfaßt deshalb sowohl für jedermann ohne Schwierigkeiten erfaßbare Variablen als auch Variablen, die dem Beurteiler subtilere Entscheidungen abverlangen. Alle realiter vorkommenden Schwierigkeitsgrade sind somit vertreten.

Bei den Übungen sollten die Resultate der Schüler-Beurteilungen nicht mehr als eine Skalenstufe (= Toleranz für Grenzfälle) vom „wahren Wert" (s.u.) abweichen. Je kleiner die Skala ist, um so gewichtiger werden die Abweichungen. Daher werden in der Literatur vorwiegend 7-stufige oder größere Skalen empfohlen.

Die für die Ermittlung notwendigen Fertigkeiten können allerdings nicht einfach angelesen werden. Die Erfahrung lehrt, daß sich der gewissenhafte Autodidakt früher oder später mit unvorhergesehenen und schier unüberwindlichen Problemen und Hindernissen konfrontiert sieht. Er bedarf also immer der Unterstützung durch erfahrene und mit der Methode vertraute Schriftpsychologen.

Das für Übungen benötigte Schriftenmaterial muß sich der Studierende oder sein Lehrer selbst zusammenstellen. Es soll aus mindestens 30 ihrem graphischen Gehalt nach möglichst heterogenen Schriftproben bestehen, die den im Kapitel 5.1 gestellten Anforderungen genügen.

Eine solche Schriftproben-Sammlung läßt sich ohne Schwierigkeiten in ein *standardisiertes Prüfungsmaterial* verwandeln, indem man den „wahren Wert" der Ausprägungsgrade der zur Prüfung vorgelegten Grundvariablen vorher durch mindestens zwei sachkundige Schriftpsychologen festlegen läßt. Die Korrelationen der Schülerurteile mit den „wahren Werten" sind ein *brauchbares Maß für die Leistungsfähigkeit der Schüler.*

6.1 Merkmale

6.1.1 Linksrandbreite

Definition
Unter Linksrandbreite versteht man den Abstand zwischen dem linken Blattrand und dem Schriftblock.

Protokollierung
Die Linksrandbreite kann geschätzt oder gemessen werden. Als Meßpunkt wird die Mitte der linken Seite des Schriftblocks verwendet. Zur Feststellung der Breite wird der diesem Punkt am nächsten liegende Zeilenanfang ohne Einrückung benutzt. Die Breite selbst besteht aus dem kürzesten Abstand zwischen Blattrand und dem dieser Zeile nächstliegenden Buchstabenteil im Mittelband. Eventuelle Änderungen der Breite oberhalb und unterhalb des Meßpunktes bleiben unbeachtet. Diese Änderungen werden unter *Linksrandneigung 6.1.2 (Zu-/abnehmende Linksrandbreite)* registriert.

Eventuelle Markierungen (Numerierungen etc.) außerhalb des Schriftblocks bleiben unbeachtet.

Die Verwendung einer 5-gradigen Skala wird empfohlen.

Richtwerte für die Skalenstufen
Als mittlerer Ausprägungsgrad (3) wurde die von der Industrie eingeführte Breite von 20-29 mm gewählt.

1   Fehlender oder bis 9 mm breiter Rand
2   10 - 19 mm breiter Rand
3   20 - 29 mm breiter Rand
4   30 - 39 mm breiter Rand
5   40   und mehr mm Randbreite

6.1.2 Linksrandneigung (zu-/abnehmender Linksrand)

Definition
Unter der Linksrandneigung versteht man den Winkel, den der linke Blattrand mit der linken Seite des Schriftblocks bildet.

Protokollierung
Die Linksrandneigung kann geschätzt oder gemessen werden.

Als Meßpunkte dienen die Endpunkte an der oberen und unteren Blattkante *der* Linie, die sich aus der Verlängerung der geraden Linie zwischen den vordersten Teilen des ersten Buchstabens der obersten vollständigen und der untersten vollständigen Zeile ergeben. Das Maß für die Größe der Neigung ergibt sich aus der Differenz der Abstände der beiden Meßpunkte vom linken Blattrand, gemessen in Millimetern. Abweichungen von der Geraden zwischen diesen Punkten bleiben unberücksichtigt (siehe Skizzen).

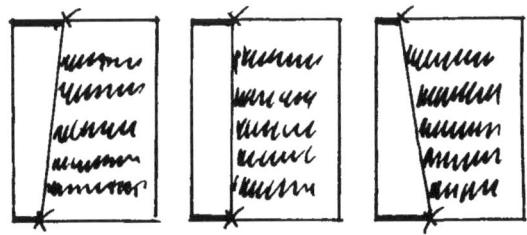

Die Verwendung einer 5-gradigen Skala wird empfohlen.

Richtwerte für die Skalenstufen
Als Mittelwert wird der parallel zum Blattrand verlaufende Linksrand des Schriftblocks eingesetzt (= Differenz zwischen oberem und unterem Meßpunkt gleich oder annähernd Null (0)).

1	Linksrand nimmt eindeutig ab (Differenz > 10 mm)
2	nimmt etwas ab
3	verläuft parallel zum Blattrand
4	nimmt etwas zu
5	nimmt eindeutig zu (Differenz > 10 mm)

Folgende Unregelmäßigkeiten werden in Skalenstufe 3 plaziert und *gleichzeitig* als *Besonderheit* registriert:
• völlig unregelmäßiger/ausgefranster/kurviger Rand
• dachziegelförmig zu-/abnehmender Rand
• zum Blattrand vorgewölbter oder nach innen gewölbter Rand.

6.1.3 Zeilenführung

Definition
Unter Zeilenführung versteht man den Winkel zwischen der vom Schrifturheber gebildeten Grundlinie und dem linken Blattrand. Die Grundlinie ist die Gerade, die die Fußpunkte des ersten und des letzten Buchstabens ohne Unterlänge verbindet.

Protokollierung
Die Zeilenführung kann geschätzt oder gemessen werden.
   Ausgangspunkt für die Beurteilung ist stets die mittlere Grundlinie. Danach wird vor allem die Zeilenführung in der unteren Hälfte des Schriftblocks beachtet.
   Wenn der Winkel zwischen dem linken Rand des Blattes und der Grundlinie 90 Grad beträgt, ist die Zeile waagerecht. Andernfalls ist sie steigend (⟋) oder fallend (⟍).
   Die Verwendung einer 5-gradigen Skala wird empfohlen.

Richtwerte für die Skalenstufen

1 Ausgeprägt steigende Zeile (> 5°)
2 Leicht steigende Zeile
3 Waagerechte Zeile
4 Leicht fallende Zeile
5 Ausgeprägt fallende Zeile (> 5°)

Folgende Variationen und Schwankungen werden in Skalenstufe 3 plaziert und *gleichzeitig* als *Besonderheit* registriert:
- „Ausfächerung" von der mittleren Grundlinie nach oben *und* unten ⪜
- gewölbte Zeilen
- durchhängende Zeilen
- unregelmäßige/wellenförmige Zeilen

Innerhalb der Zeilen können die Wörter
- dachziegelförmig steigen
- dachziegelförmig fallen

6.1.4 Zeilenabstand

Definition
Der Zeilenabstand ist der Abstand zwischen den Grundlinien zweier Zeilen.

Protokollierung
Der Zeilenabstand kann geschätzt oder gemessen werden.

Als *Maß* kann der *zehnfache Zeilenabstand* (= Abstand zwischen 11 Zeilen) verwendet werden. Damit werden die meisten zufälligen Schwankungen zwischen einzelnen Zeilenabständen ausgeglichen. Die Messung erfolgt auf der Parallelen zum Blattrand, die durch die Mitte des Schriftblocks geht. Gemessen wird der Abstand zwischen den fünf oberhalb und den fünf unterhalb dieses Punktes liegenden Zeilen. Angefangene Zeilen, die nicht bis zur Parallele reichen, werden dennoch mitgezählt. Gemessen wird in Millimetern.

Als mittlerer Zeilenabstand bei 10 Abständen werden 96 bis 105 Millimeter festgelegt (= zehnfacher „Industrie"-Zeilenabstand).

Die Verwendung einer 7-gradigen Skala wird empfohlen.

Richtwerte für die Skalenstufen

1	10 Zeilenabstände.	unter	70 mm
2		71 -	85 mm
3		85 -	95 mm
4		96 -	105 mm
5		106 -	115 mm
6		116 -	130 mm
7		über	130 mm

Unregelmäßige Zeilenabstände sind oft situationsbedingt. Sie werden daher nur dann als *Besonderheit* registriert, wenn sie in *sämtlichen* Schriftproben eines Schrifturhebers vorkommen.

6.1.5 Größe

Definition
Unter Größe versteht man die Länge der Kurzlängengrundstriche.

Protokollierung
Die Größe kann geschätzt oder gemessen werden. In beiden Fällen werden nur die Grundstriche der Buchstaben *i, m, n* und *u* bewertet. Anfangs- und Endbuchstaben werden nicht berücksichtigt.

Bei gleicher Höhe des Mittelbandes verändert sich die Größe mit der Änderung der Richtung des Neigungswinkels der Grundstriche:

Die Verwendung einer 7-gradigen Skala wird empfohlen.

Richtwerte für die Skalenstufen
Da es keine zuverlässigen Angaben über die Verteilung der Größe weder in der Gesamtpopulation noch in Teilpopulationen (z.B. Alters- oder Berufsgruppen) gibt, muß eine Setzung vorgenommen werden.

Als Basis werden folgende Daten und Argumente verwendet:

Die Schrift kann nie kleiner als ihre Strichbreite (meist< 0,5 mm) sein. Größen von 8 und mehr Millimetern sind ungewöhnlich, kommen aber gelegentlich vor. Allgemein wird für erwachsene Schreibgeübte ein Mittelwert von 2,2 bis 2,5 mm angenommen.

Stichprobenmessungen (Wallner, 1961) bestätigen diese Annahmen.

1	Dominant bis überwertig klein	bis 1,2 mm
2	Ausgeprägt klein	1,2 bis 1,6 mm
3	Eher klein	1,7 bis 2,1 mm
4	Mittel	2,2 bis 2,7 mm
5	Eher groß	2,8 bis 3,7 mm
6	Ausgeprägt groß	3,8 bis 5,7 mm
7	Dominant bis überwertig groß	ab 5,8 mm

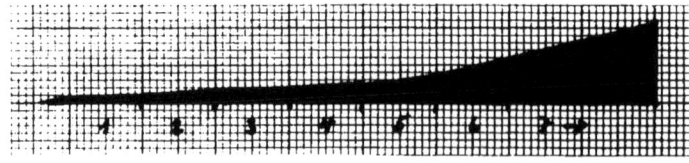

Bei Streuung der Größe über mehrere Skalenstufen ist die am häufigsten vorkommende Stufe maßgebend. Die Streuungsgrenzen werden im Protokoll ebenfalls markiert. Wenn die Größe über zwei und mehr Stufen „springt", ohne in den dazwischen liegenden Stufen vorzukommen, werden beide Größen registriert und der Umstand außerdem als *Besonderheit* vermerkt.

6.1.6 Neigungswinkel

*Definition**

Als Neigungswinkel bezeichnet man den Winkel, den die Grundstriche mit der Zeilenbasis bilden.

Protokollierung

Der Neigungswinkel kann geschätzt oder gemessen werden.

Bei Schätzungen werden in erster Linie die Grundstriche der Langlängen, in zweiter Linie die der Mittellängen beachtet. Eine Schrift, deren Grundstriche senkrecht auf der vom Schrifturheber gebildeten Grundlinie stehen, wird *steil* genannt. Neigen sich die Grundstriche nach rechts respektive links, wird die Schrift entsprechend als *rechts-* respektive *linksschräg* bezeichnet.

Meßanweisungen, die eher für Forschungszwecke gedacht sind, finden sich in der Fachliteratur.

Die Verwendung einer 7-gradigen Skala wird empfohlen.

Richtwerte für die Skalenstufen

In Ermangelung exakter Daten über die Verteilung des Neigungswinkels in der Population werden folgende Setzungen vorgenommen:

1 Bis	50°			: dominant und überwertig linksschräg
2 Zwischen	50°	und	70°	: ausgeprägt linksschräg
3 Zwischen	70°	und	87°	: eher linksschräg
4 Zwischen	88°	und	92°	: steil
5 Zwischen	93°	und	110°	: eher rechtsschräg
6 Zwischen	110°	und	130°	: ausgeprägt rechtsschräg
7 Über	130°			: dominant und überwertig rechtsschräg

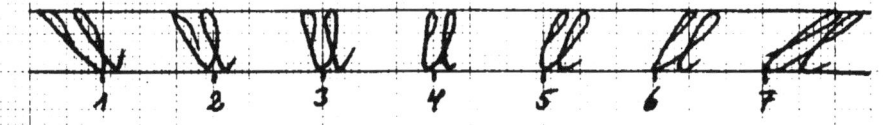

Beachte: Linksschräge Schriften aller Grade kommen aus verschiedenen Gründen relativ selten vor.

Bei stark schwankendem Neigungswinkel ist der am häufigsten vorkommende Grad maßgebend. Die Streuungsgrenzen werden ebenfalls protokolliert. Gelegentlich neigen sich die Kurzlängen in die den Mittel- und Langlängen entgegengesetzte Richtung.

In diesem Falle wird nur der Neigungswinkel der Lang- und Mittellängen registriert. Die Lage der Kurzlängen wird als *Besonderheit* vermerkt.

6.1.7 Weite

Definition

Unter Weite versteht man die Relation zwischen der Länge der Kurzlängengrundstriche und ihrem Abstand voneinander.

Ist das Verhältnis 1:1, dann ist die Schrift weder eng noch weit. Ist der Abstand geringer als die Grundstrichlänge, dann ist die Schrift eng, ist er größer, dann ist die Schrift weit.

Protokollierung

Die Weite kann gemessen und geschätzt werden.

Bei allen Messungen und Schätzungen werden die Grundstriche in die Messung einbezogen.

Die Weite wird nur an den Buchstaben *m, n* und *u* ermittelt. Endbuchstaben werden nicht berücksichtigt (z.B. bei *rennen* nur *..nn..*) .

Die Verwendung einer 7-gradigen Skala wird empfohlen.

Richtwerte für die Skalenstufen

		Proportion Grundstrichlänge: Abstand
1	Dominant und überwertig eng	2,5 : 1 und mehr
2	Ausgeprägt eng	1,75 : 1
3	Eher eng	1,25 : 1
4	Weder eng noch weit	1 : 1
5	Eher weit	1 : 1,25
6	Ausgeprägt weit	1 : 1,75
7	Dominant und überwertig weit	1 : 2,5 und mehr

Proportionen bei 4 mm Grundstrichlänge
    4:1,6   4:2,3   4:3,2   4:4   4:5   4:7   4:10

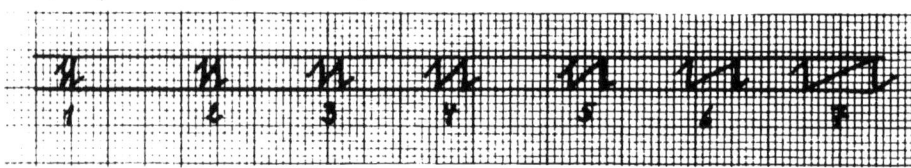

Variationen
Sekundäre Weite und *sekundäre Enge*  werden als Besonderheiten registriert.

Beachte: Größe und Weite korrelieren hoch miteinander. Daher sind große Schriften meist eng, kleine Schriften meist weit.

54

6.1.8 Die Bindungsformen

Definition
Unter Bindungsform versteht man die Form, die bei der Verknüpfung der Kurz-
längenaufstriche mir den Kurzlängenabstrichen entsteht.
 Man unterscheidet vier Bindungsformen: 1. Arkaden-, 2. Winkel-, 3. Girlanden-
und 4. Fadenbindung. Beim Faden kann man stehenden Faden = Doppelbogen (s)
und liegenden Faden (l) unterscheiden.

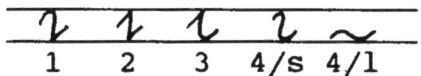

1   2   3   4/s 4/1

Protokollierung
Die Bindungsformen können geschätzt oder ausgezählt werden. Auszählung wird
empfohlen.

Die Bindungstendenz des Schreibers zeigt sich eindeutig nur an der Behandlung
des Buchstaben *m*. Entweder folgt der Schreiber der Schulvorlage (mit Arkaden-
respektive Winkelbindung) oder er weicht von ihr ab, indem er Girlanden oder
Fäden bildet. (Daß dagegen Girlanden zu Arkaden umgeformt werden, kommt
äußerst selten vor.) Deshalb werden zur Feststellung der Bindungsform nur die
Bindungen im Buchstaben *m* und im Doppelkonsonanten *mm* ausgewertet.
 Jedes *m* enthält 3 *Bindungselemente*.
 Die letzten 14 „*m*" eines Textes werden markiert (*mm = 2 m*). Das ergibt 14 x
3 = 42 Bindungselemente.
 An diesen 42 Bindungselementen werden die Frequenzen der vier Bindungs-
formen ermittelt. Zur Erleichterung der Erfassung kann man die verschiedenen
Bindungsformen mit verschiedenen Markierungen versehen (s. Auswertungs-
beispiel.)
 Um eine exakte Registrierung zu gewährleisten, wurde ein *Bindungsformen-
Protokoll* mit 7 Skalenstufen entwickelt.

Skalenstufe	1	2	3	4	5	6	7
Frequenz	-6	7-12	12-18	19-24	25-30	31-36	37-
Arkaden							
Winkel							
Girlanden							
Faden (s/l)							

Die ermittelten Frequenzen werden unter der entsprechenden Skalenstufe eingetragen. Beim Faden werden stehende und liegende Formen getrennt registriert (z.B: **2/3** = 2 stehende/3liegende = Frequenz 5 unter Skalenstufe 1).
Die derart gewonnenen Daten werden in das Grundvariablen-Protokoll übertragen.

Mischformen (z.B. *Winkelarkade* und *Winkelgirlande*),
Sonderformen (z.B. *gestützte* oder *geschleifte Bindungsformen*) und
Sondermischformen (z.B. *Haizahn-Bindungen*)
werden als *Besonderheiten* registriert.

Bindungsformen – Auswertungsbeispiel

Markierungsvorschläge

*	=	Arkaden	= 9
/	=	Winkel	= 4
+	=	Girlanden	= 29
-	=	Faden	= 0

42 Bindungselemente

6.1.9 Verbundenheitsgrad

Definition
Unter Verbundenheitsgrad versteht man den Grad der Kontinuität des Schreibzugs. Je mehr Buchstaben in einer Schriftprobe in einem Zug, ohne Abheben des Schreibgeräts vom Schriftträger geschrieben werden, um so größer ist der Verbundenheitsgrad der Schrift.

Protokollierung
Der Verbundenheitsgrad kann geschätzt und ausgezählt werden.

Maßgebend für die Beurteilung ist die Häufigkeit des Vorkommens alleinstehender, im Paar oder in größerer Anzahl zusammengebundener Buchstaben in der Schriftprobe.

„Unechte" Bindungen (sogenannte „Lötungen") werden als Unterbrechung des Schreibzugs gewertet.

Selten vorkommende und gleichzeitig schwer zu buchstabierende Wörter sollen bei Abweichung vom übrigen Duktus unberücksichtigt bleiben. Im übrigen wird auf den Anlaß von Unterbrechungen des Schriftzugs (z.B. Oberzeichensetzung) – entgegen anderen Hinweisen in der Literatur – *keine* Rücksicht genommen.

Die Verwendung einer 7-gradigen Skala wird empfohlen.

Richtwerte für die Skalenstufen

1 Jeder Buchstabe steht für sich
2 Einzelne Buchstaben und Buchstabenpaare
3 Einzelne sowie zwei und gelegentlich drei zusammengebundene Buchstaben
4 Zwei bis drei zusammengebundene Buchstaben
5 Stets mindestens drei zusammengebundene Buchstaben
6 Wörter mit mehr als drei Buchstaben, oft in einem Zug geschrieben
7 Sämtliche Wörter in einem Zug geschrieben

Lötungen, Bindungsunvermögen, ungewöhnliche Zusammenbindungen, Einbindungen von Oberzeichen und andere bemerkenswerte Abweichungen von der Norm werden als *Besonderheiten* registriert.

Verbundenheitsgrad

1.

lichte " u. a. Studien in's Bett holt und
kein Wunder, daß bei dieser anhaltenden
Möblierungs-herausforderungen nicht soo w.
die Wohnzimmerwand halb fertig. Wir
wurde wie geplant. Anders als Thomas sch
he Erfindung – aber welch unmögliche

4.

Haltung. Ich ließe sie jichen-
geschehen. Haben Sie also
lichen Dank für deren Andenken
einen Tag in Würzburg, an
zurückdenken werde!

7.

guten Band schön
ganzen fangen
und sehlechter

Lötungen

schaftswart. Der Hund bellt. Die
in latigkeitswort. Er ist der verhe

58

6.1.10 Längenbetonung

Definition

Sind die Oberlängen einer Schrift auf Kosten der Unterlängen hervorgehoben, dann spricht man von *Oberlängenbetonung*, im umgekehrten Falle von *Unterlängenbetonung*.

Die Hervorhebung kann zustande kommen durch unterschiedliche
– Längenausdehnung (b;c)
– Völle (d;e)
– Hinzufügungen (f)
– Verstärkungen verschiedener Art (g)
– Verkümmerungen der gegenläufigen Langlängen (h; i)
jeweils für sich oder in Kombination miteinander.

„Hochfliegende", füllige etc. Oberzeichen sind Indizien für Oberlängenbetonung. Sind weder Ober- noch Unterlängen betont, liegt Längengleichheit vor (a).

a   b   c   d   e   f   g   h   i

Protokollierung

Die Längenbetonung wird in der Praxis stets geschätzt. Messungen sind möglich. Die Verwendung einer 7-gradigen Skala wird empfohlen.

Da die Längenbetonung auf verschiedene Faktoren zurückgeführt werden kann, ist es nicht möglich, bestimmte Kriterien für die Skalenstufen anzugeben. Stattdessen werden Beispiele geboten.

Ober- und Unterlängenbetonung am Wortanfang bleiben außer Betracht. Sie werden als *Besonderheiten* registriert.

Richtwerte für die Skalenstufen

1 Dominante und überwertige Oberlängenbetonung
2 Ausgeprägte Oberlängenbetonung
3 Eher Oberlängenbetonung
4 Längengleichheit
5 Eher Unterlängenbetonung
6 Ausgeprägte Unterlängenbetonung
7 Dominante u. überwertige Unterlängenbetonung

Längenbetonung

1.

hjölpen. Hür är det den som
WNT. Var vänlig ring mig
möjligt f. ev. ...

4.

Mir geht es gut augenblicklich
gleiche hoffe ich von Ihnen.
Vater verdient gut mit seinen
klammern, Laubsei liegt aug

7.

Es ist mir nicht
mit ...
in Ihnen ...

6.1.11 Längenunterschiedlichkeit

Definition*
Das Verhältnis der Kurzlängen zu den Langlängen wird als Längenunterschied-lichkeit bezeichnet.

Protokollierung
Die Längenunterschiedlichkeit kann gemessen und geschätzt werden. Die Einstu-fung in die Skala erfolgt stets nach dem objektiven Sachverhalt, ohne Rücksicht auf die Schulvorlage des Schreibers.
   Langlängen am Wortanfang werden nicht berücksichtigt.

Richtwerte für die Skalenstufen
Die hier angegebenen Richtwerte wurden von Müller & Enskat (1993) gesetzt und begründet.

1	Proportion	1 : 2,5 und kleiner
2		1 : 3
3		1 : 3,5
4		1 : 4
5		1 : 4,5
6		1 : 5
7		1 : 5,5 und größer

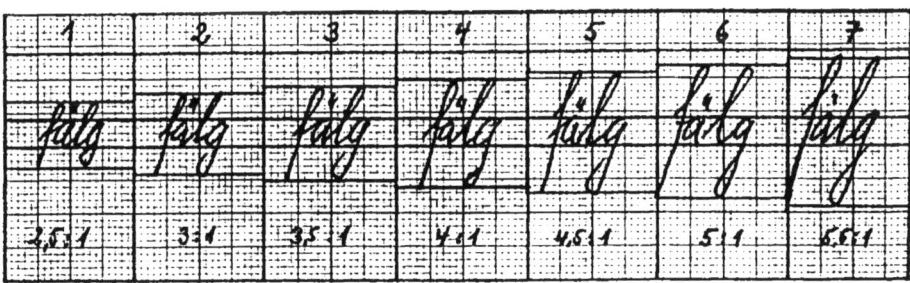

Längenunterschiedlichkeit

1.

schön mit den Kindern gefeie
lange saßen wir beim Schein
kerzen, hörten Stücke aus dem
„Messias" (welch' strahlend fest
Musik!) u. schmökerten in de

4.

oft geglaubt, ich packe u einfach
Stunden im Büro und dann noch da
und mein bestreben, die Kinder so
einmal erzogen worden sind. da

7.

Um über die Aufarbeitung der Inhalt
fortsetzen zu können, brauche ich
dringend Informationen über die
Funktion: des Geistes, der gesamte

6.1.12 Magerkeit und Völle

Definition
Mit Völle bezeichnet man das Ausmaß der Schleifen einer Schrift. Sind die Schleifen groß, hat die Schrift Völle, sind sie klein, ist die Schrift mager.

Protokollierung
Magerkeit und Völle werden geschätzt.
   Als Maß für Magerkeit und Völle dienen die folgenden Schriftproben-Beispiele. In die Feststellung des Ausprägungsgrades werden auch unvollendete Schleifen (Schalen) einbezogen.
   In erster Linie werden die Schleifen und Schalen der Ober- und Unterlängen bewertet. Ein voluminöses Mittelband sowie volle Großbuchstaben verstärken die Tendenz zur Völle.
   Weder Schriftsystem (Latein, Sütterlin etc.) noch Schulvorlage werden berücksichtigt. Folglich handelt es sich bei dieser Definition um eine reine Setzung.
   Müller & Enskat empfehlen die Verwendung einer 7-gradigen Skala.

Richtwerte für die Skalenstufen
Die hier für die Ausprägungsgrade angegebenen Werte werden durch die beigefügten Schriftproben exemplifiziert.

1   Dominant bis überwertig mager
2   Ausgeprägt mager
3   Eher mager
4   Weder mager noch voll
5   Eher voll
6   Ausgeprägt voll
7   Dominant bis überwertig voll

Magerkeit und Völle

1. *[handschriftlicher Text, unleserlich]*

2. *[handschriftlicher Text, unleserlich]*

3. *[handschriftlicher Text, unleserlich]*

4. *[handschriftlicher Text, unleserlich]*

5. *[handschriftlicher Text, unleserlich]*

6. Wetter, hoffentlich bleibt

7. *...*folgend übersende *...*acke wieder zurück

6.1.13 Regelmaß

Definition*
Ist die Schwankungsbreite aller Merkmale groß, so ist die Schrift unregelmäßig. Ist die Schwankungsbreite klein, so bezeichnet man die Schrift als regelmäßig.

Protokollierung
Das Regelmaß wird geschätzt.
  Die Schwankungsbreite des Regelmaßes wird in erster Linie am Neigungswinkel, sodann an Größe, Weite und Zeilenführung bewertet.
  Müller & Enskat empfehlen die Verwendung einer 7-gradigen Skala.

Richtwerte für die Skalenstufen
Die hier für die Ausprägungsgrade 1, 4 und 7 angegebenen Werte werden durch Schriftproben exemplifiziert.

1 Dominant bis überwertig regelmäßig
2 Ausgeprägt regelmäßig
3 Eher regelmäßig
4 Weder regelmäßig noch unregelmäßig
5 Eher unregelmäßig
6 Ausgeprägt unregelmäßig
7 Dominant bis überwertig unregelmäßig

1.

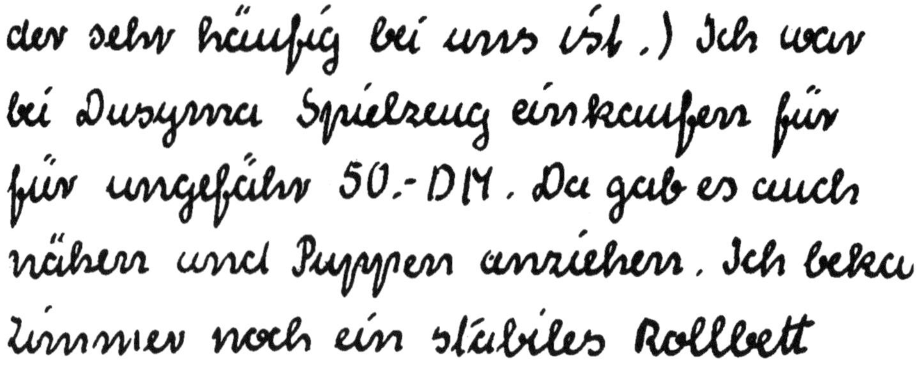

der sehr häufig bei uns ist.) Ich war
bei Dusynna Spielzeug einkaufen für
für ungefähr 50.- DM. Da gab es auch
nähen und Puppen anziehen. Ich beka
immer noch ein stabiles Rollbett

4.

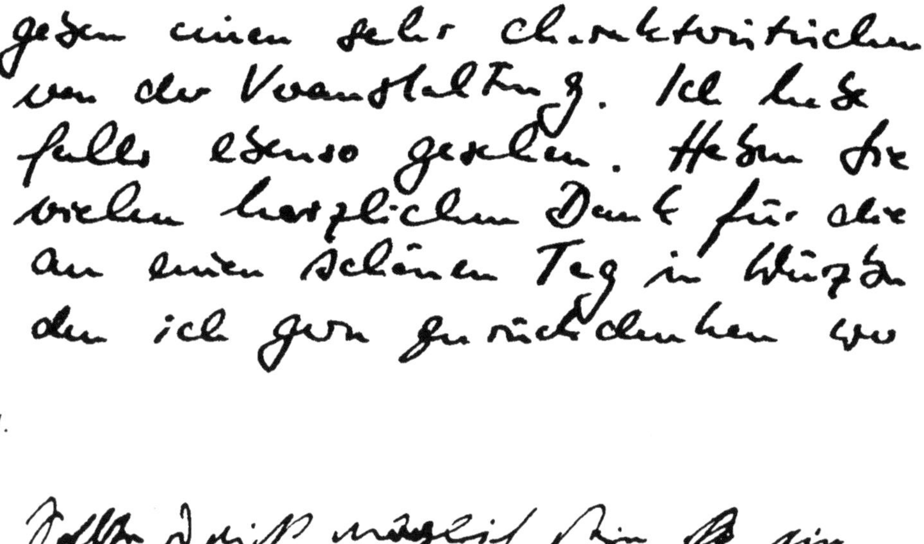

geben einen sehr charakteristischen
von der Veranstaltung. Ich hätte
falls ebenso gesehen. Haben Sie
vielen herzlichen Dank für die
an einen schönen Tag in Würzba
den ich gern zurückdenken wu

7.

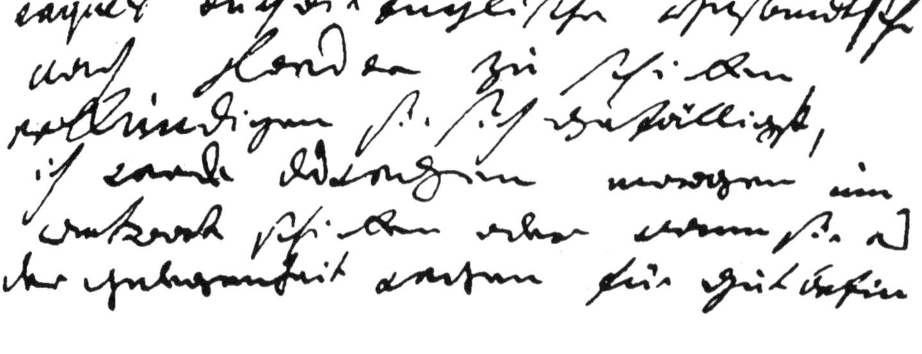

6.1.14 Schreibtempo

Definition
Jede Handschrift wird mit einer gewissen Geschwindigkeit produziert. Diese Geschwindigkeit wird *Schreibtempo* genannt.

Protokollierung
Das Schreibtempo kann geschätzt und gemessen werden. Letzteres ist allerdings *nur in statu nascendi* mit Stoppuhr, Schreibwaage oder anderen Meßgeräten möglich.

Für die Schätzung maßgebend ist die Strichzügigkeit, die mit Hilfe von Eindruckscharakteren ermittelt werden kann.

Folgende Eindruckscharaktere indizieren großes respektive geringes Schreibtempo:

Geringes Schreibtempo	Hohes Schreibtempo
- zögernd	- lebhaft
- schwerfällig	- schwungvoll
- gehemmt	- sicher
- zähflüssig	- dynamisch
- unsicher	- flott
- lahm	- überstürzt
- haftend	- zügig
- schwer	- heftig
- zittrig	- flüssig
- vorsichtig	- verschliffen
- schwerflüssig	- leicht
- krampfig	- fahrig
- geflickt	- ungehemmt
- steif	- getrieben
- stockend	- ungezwungen

Als zusätzliches Kriterium für hohes Schreibtempo werden die wegkürzenden Tendenzen in der Schrift verwendet. Sie zeigen sich u.a. in *Rechtsläufigkeit, Weite, „Eile"-Faden, Girlande, ausgeprägter Rechtsschrägheit, Magerkeit und verschliffenen Formen.*

Die Verwendung einer 7-gradigen Skala wird empfohlen.

Richtwerte für die Skalenstufen
Die hier für die Ausprägungsgrade angegebenen Werte werden durch Schriftproben aus Müller & Enskat (1993) exemplifiziert.
1 Dominant bis überwertig langsam
2 Ausgeprägt langsam
3 Eher langsam
4 Weder langsam noch schnell
5 Eher schnell
6 Ausgeprägt schnell
7 Dominant bis überwertig schnell

Schreibtempo

1. ihn aber beobachten. Es war

2. Frau v or den Kopf hauen
   mehr sagen, nach drei Stunden

3. Draußen ist es Schönes

4. *(handwriting illegible)*

5. Aus der russischen Zone
   gelaufen ist und Deusk

6. *(handwriting illegible)*

7. *(handwriting illegible)*

6.1.15 Gliederung

Definition
Unter Gliederung versteht man die Verteilung der Wortkörper *innerhalb des Schriftblocks.*

Protokollierung
Die Gliederung wird geschätzt.

Die Größe des Schriftblocks sowie seine Lage im Verhältnis zur disponiblen Schreibfläche werden bei der Ermittlung der Gliederung *nicht* berücksichtigt. Ausgegangen wird von der *absoluten Höhe der Schrift* (Kapitel 3).

Mittlere Gliederung liegt vor, wenn sich die aus der absoluten Höhe gebildeten Bänder berühren, aber nicht decken.

Absolute Höhe

Absolute Höhe

Mittlere Gliederung

Je mehr die Wortkörper nach oben und unten ineinandergreifen, um so *ungegliederter* ist die Schrift. Im Zweifelsfalle kann man ein Lineal zwischen die Schriftbänder legen. *Ungegliedertheit* liegt bereits dann vor, wenn sich die Bänder überlagern, auch ohne daß es dabei zur Verhäkelung von Buchstabenteilen kommt. Je weiter die Wortkörper vertikal voneinander entfernt sind, um so *gegliederter* ist die Schrift. Verstärkt wird die Gliederung durch vergrößerte Wortabstände.

Die Verwendung einer 7-gradigen Skala wird empfohlen.

Richtwerte für die Skalenstufen
Die hier für die Ausprägungsgrade 1, 4 und 7 angegebenen Werte werden durch Schriftproben exemplifiziert.

1 Dominant bis überwertig ungegliedert
2 Ausgeprägt ungegliedert
3 Eher ungegliedert
4 Weder gegliedert noch ungegliedert
5 Eher gegliedert
6 Ausgeprägt gegliedert
7 Dominant bis überwertig gegliedert

Gliederung

1.

[handschriftlicher Text, schwer lesbar]

4.

Schwierigkeiten wegen des Sprach-
dieses. – Das Gehör läßt eben weite
Und bei *[...]*
technische Hilfen auch nicht ausrei-

7.

Im Rahmen meiner Hochschul

für die kommenden Jahre

zu meiner Heilpäd. /

70

6.2 Ganzheitsqualitäten

6.2.1 Expansion der Bewegung

Definition
Die Ausbreitung der Schreibbewegung von der Grundlinie nach links, oben und rechts wird als Expansion der (Schreib-)Bewegung bezeichnet. Sie kann groß oder gering sein.

Protokollierung
Die Expansion der Bewegung kann nur anhand von Eindruckscharakteren geschätzt werden.

Bewertet werden *nur die oberhalb der Grundlinie liegenden Teile der Schrift*. Bewegungen unterhalb der Grundlinie (in Richtung auf den Körper des Schrifturhebers) werden *nicht* als expansiv gewertet, selbst wenn sie ausladend etc. sind. Sie werden bei der Beurteilung der Längenbetonung berücksichtigt.

Zur Bewertung der Expansion wird nur die Schriftspur herangezogen. Erschließbare Luftzüge zwischen Wörtern respektive Buchstaben werden nicht berücksichtigt.

Als Ermittlungshilfe werden Eindruckscharaktere angeboten. Unter diesen sollen diejenigen herausgesucht werden, die auf die vorliegende Schrift zutreffen. Die folgenden Eindruckscharaktere sind Argumente für

geringe Expansion		starke Expansion	
- eingeengt	- gehemmt	- ausladend	- großzügig
- verhalten	- unbeweglich	- suchend	- weit
- verknappt	- zögernd	- ausgreifend	- hochfliegend
- eingeschränkt	- starr	- üppig	- weitumspannend
- haftend	- steif	- schweifend	- großspurig
- festgefahren	- gehalten	- gereckt	- übertrieben
- gebremst	- verkrampft	- gestreckt	- aufgeblasen
- unergiebig	- vorsichtig	- expansiv	
- beengt	- zurückhaltend		

Die Feststellung des Ausprägungsgrades erfolgt nach den im Abschnitt 5.2.1.2 mitgeteilten Regeln über die Erfassung von Ganzheitsqualitäten.

Die Verwendung einer 7-stufigen Skala wird empfohlen.

Expansion der Bewegung

1.

Nimm meinen herzlichsten Dank und
aufrichtige Freude über deinen letzten Karten
hin.
Es tut mir in mehr als einer Hinsicht leid,
hingegen weil, so ganz aus der Welt abgeschieden
um so mehr wünsche ich, daß wir uns bald ein
hier sehen können.
Das wäre auch bezüglich einiger ausscheinen
ungelöster Finanzprobleme vorteilhaft.

4.

Für Deine lieben Wünsche
daß danke ich Dir ganz herrlich
unser beider Gesundheitszust
schlechtert, wie den kommen
gemeinsam überstehen dürfen

7.

sehr gut überstanden
wenn wir warten
am Montag repariert
um die grosse Liste

6.2.2 Form- oder Bewegungsbetonung

Definition
Dominiert in einer Schrift die Formgebung der Buchstaben, dann spricht man von Formbetonung, dominiert die Bewegung, dann liegt Bewegungsbetonung vor.

Protokollierung
Form- respektive Bewegungsbetonung können nur geschätzt werden.

Den Schriften mit dominierender Formgebung stehen die dominant bewegungsbetonten Schriften gegenüber. Bei den meisten Schriften sind Mischformen, oft mit Betonung der einen oder anderen Richtung, zu beobachten. Form- respektive Bewegungsbetonung liegt vor, wenn die zur Ermittlung vorgegebenen Eindruckscharaktere vorwiegend in die eine oder andere Richtung weisen.

Ursachen und Hintergründe (Echtheit, angemessene oder unangemessene Erworbenheit etc.) bleiben bei der Feststellung der Skalenstufe unberücksichtigt.

Unter den hier angebotenen Eindruckscharakteren sollen diejenigen herausgesucht werden, die auf die zu beurteilende Schrift zutreffen.

Die folgenden Eindruckscharaktere sind Argumente für

Formbetonung	Bewegungsbetonung
- geformt	- flüssig
- gestaltet	- beweglich
- kultiviert	- ungezwungen
- graziös	- leicht
- präzisiert	- locker
- profiliert	- verwaschen
- dargestellt	- geradezu
- gewollt	- formlos
- gemacht	- gestaltlos
- unnatürlich	- grenzenlos
- gekünstelt	- verschwommen
- normiert	- ausgreifend
- differenziert	- dynamisch
- maniert	- undifferenziert

Als Identifizierungshilfe mögen die Schriftbeispiele von Müller & Enskat (1993, Handschriftprobenheft) dienen:
Formbetonung: 1; 10; 15; 30; 38; 39; 46; 47; 77; 84; 98
Form und Bewegung in Balance: 13; 24; 25; 64; 71; 104
Bewegungsbetonung: 8; 9; 22; 34; 36; 50; 73; 75; 107

Form- resp. Bewegungsbetonung wird mit Vorteil in einer 5-stufigen Skala nach folgenden Kriterien registriert:

1 Ausgeprägt formbetont
2 Eher formbetont
3 Ausgeglichenheit zwischen Form und Bewegung
4 Eher bewegungsbetont
5 Ausgeprägt bewegungsbetont

Form- oder Bewegungsbetonung

Formbetonung

die häuslichen Möblierungs-herausforderungen
Immerhin ist die Wohnzimmerwand
sehr darüber. Es wurde wie geplant. Anders
eine phantastische Erfindung — aber welch
wüster Katafalk war das Doppelbett zum
Mann nahm's wieder zurück. Th wird
bauen, wie es einstens Odysseus tat. Wir
dulden. Schritt für Schritt geht's vorwärts.

Ausgeglichenheit zwischen Form und Bewegung

Hier wies, daß die zu prüfenden Fachgebiete in Bezug
deutschen Geschichte eingeordnen sind. Auch in den
des Abzell und ihrer Zuordnung zum Schriftteilen
ein gründliches Studium aller drei Abschnitte — der
mittleren und neueren Geschichte — verlangt und auch
prüft. Auch diese Dreiteilung in der gesamtprüfung

Bewegungsbetonung

Gedenkst, daß die größten
den kleinsten Verhältnissen
in dem Gedanken, —
... ich Dir eine Schale
... die Dich alle
... mögen.

6.2.3 Eigenart

Definition
Mit Eigenart bezeichnet man die persönliche Prägung des Schriftbildes im Verhältnis zur Schulvorlage.

Protokollierung
Eigenart kann nur geschätzt werden.

Die unten aufgeführten Eindruckscharaktere erleichtern die Ermittlung des Eigenartsgrades. Die *Variationsbreite* des Eigenartsgrades *liegt zwischen völlig primitiven und äußerst bizarren Gestaltungen* des Schriftbildes. Schulmäßig erscheinende Schriften gehören daher zwar zu den Schriften mit geringer Eigenart, aber keinesfalls an das Ende der Ausprägungsskala. Ebenso zeigen selbständig oder gar originell anmutende Schriften zweifellos überdurchschnittliche Eigenart. Am äußersten Ende der Skala liegen jedoch die überwertig exzentrisch gestalteten Schriften.

Unter den hier angebotenen Eindruckscharakteren sollen diejenigen herausgesucht werden, die auf die zu beurteilende Schrift zutreffen.

Die folgenden Eindruckscharaktere sind Argumente für

geringe Eigenart	ausgewogene Eigenart	ausgeprägte Eigenart
- ausdruckslos	- einfach	- eigenartig
- armselig	- schlicht	- einmalig
- banal	- unauffällig	- kalligraphisch
- primitiv	- fein	- originell
- dürr	- zart	- phantasievoll
- leer	- zurückhaltend	- künstlerisch
- schablonenhaft	- bescheiden	- ästhetisch
- unselbständig	- sachlich	- auffallend
- kindlich	- unbetont	- übertrieben
- schulmäßig	- unaufdringlich	- aufgeblasen
- hilflos	- ausgeglichen	- verziert
- klobig	- gemessen	- exzentrisch
- plump		- affektiert
		- bizarr
		- maniert
		- skurril

Die Feststellung des Eigenartsgrades erfolgt nach den im Abschnitt 5.2.1.2 mitgeteilten Regeln über die Erfassung von Ganzheitsqualitäten.

Die Verwendung einer 7-stufigen Skala wird empfohlen.

Eigenart

Geringe Eigenart

Waschmaschine im Keller neu
Die Kachelwand aus Kunststoff
schnell gekauft und schwer an
angeklebt. Vielleicht ist es doch
Verkachelung fachmännisch

Ausgewogene Eigenart

Studium der forstliche ist, was in Hamburg nicht durch
setzen, ebenso fällt in der Hamburger Studienordnung
Hinweis, daß die zu prüfenden Fachgebiete in Bezug
deutschen forstliche eingeordnen sind. Auch in den
der Abziehl und ihrer Zuordnung zum Schriftteilen

Ausgeprägte Eigenart

ist nur sehr schwer wegzukriegen. Dazu
spielen wir deshalb technisch leichte
daß sie mehr auf Lockerheit achten
und (Chédeville - Duette). Frau Schulze
eine Fach - Tris - Sonate aufgebrummt

6.2.4 Spannungsgrade

Definition
Verschiedene bewegungsfördernde und bewegungshemmende Impulse des Gehirns lösen unterschiedliche, graduierbare Spannungszustände in der Muskulatur aus. Diese Spannungszustände manifestieren sich auch in der Handschrift. Sie werden Spannungsgrade genannt.

Kommentar zur Definition
Die Spannungsgrade wurden von Rudolf Pophal in seinem Werk: „Zur Psychophysiologie der Spannungserscheinungen in der Handschrift" (1949) ausführlich beschrieben und eingeteilt.

Müller & Enskat (1993) referieren sie unter der auch von Pophal verwendeten Bezeichnung *Versteifungsgrade*. Um die Versteifungsgrade für die Praxis leichter zugänglich zu machen, hat Wallner (1996) ein vereinfachtes Ermittlungsschema entwickelt. Außerdem wurden sie in *Spannungsgrade* umbenannt. Im folgenden werden die von Wallner vorgeschlagenen Bezeichnungen und Ermittlungsmethoden verwendet.

Protokollierung
Die Anzahl der Spannungsgrade wurde von Pophal auf sechs festgelegt. Die Ermittlung geschieht mit Hilfe der für jeden Spannungsgrad in einem eigenen Block zusammengefaßten graphischen Variablen.

Unter den angebotenen Indikatoren sollen diejenigen herausgesucht werden, die auf die zu beurteilende Schrift zutreffen. Diese Indikatoren sind Argumente für die Feststellung ihres Spannungsgrades.

Da die Spannungsgrade in einer gleitenden Skala geordnet sind, können Indikatoren zweier nebeneinander liegender Grade (Blöcke) als auf die Schrift zutreffend angegeben werden. Der für diese Schrift am stärksten hervortretende Grad wird festgestellt und als solcher (im Grundvariablen-Protokoll) protokolliert. Die Abweichungen werden ihrer Stärke gemäß wie Streuungswerte behandelt (s. Abb.5.2, Zeile 1.6).

Zur Orientierung mögen die Schriftbeispiele von Müller & Enskat (1993) dienen.

Spannungsgrade – Ermittlung

GRAPHISCHE INDIKATOREN

- schlaff - spannungslos - salopp - lasch - fahrig - schlampig - ungezügelt - hemmungslos - ausfahrend - mangelhafte Hemmung - Ungeformtheit - Formvernachlässigung - ungenügende Koordination	- fließend - flott - flüssig - schlank - glatt - geschmeidig - elastisch - schwingend - vibrierend - graziös - gerundet - weich - biegsam - anmutig - Formflüssigkeit - gute Koordination - rhythmische Bewegungen	- zügig - fest - gehalten - gezügelt - bestimmt - straff - federnd - schnellend - dynamisch - sichere Formgestaltung - Bewegungsbeherrschung - Zügelung - gute Koordination - ökonomische Bewegungs- Steuerung - zweckmässige Hemmung
sind Anzeichen für SPANNUNGSGRAD 1 **HALTLOSIGKEIT**	**sind Anzeichen für** SPANNUNGSGRAD 2 **LOCKERHEIT**	**sind Anzeichen für** SPANNUNGSGRAD 3 **GEHALTENHEIT**
- gespannt - unelastisch - hart - eckig - starr - monoton - unlebendig - Formverfestigung - unzweckmässige Hemmung - bewußte Koordination - mechanisierter Rhythmus	- steif - spröde - flußlos - unschlank - brüchig - lahm - gestaut - adynamisch - "gefroren" - "klebrig" - "viskös" - unsicher - kraftlos - tot - "verglast" - Formerstarrung - schlechte Koordination - unrhythmische Bewegungen	- zerstückt - zerhackt - zerbrochen - zittrig - ausfahrend - torkelnd - abrupt - springend - spitzig - Formauflösung - Formzerfall - völliger Mangel an Koordination
sind Anzeichen für SPANNUNGSGRAD 4 **GESPANNTHEIT**	**sind Anzeichen für** SPANNUNGSGRAD 5 **GEHEMMTHEIT**	**sind Anzeichen für** SPANNUNGSGRAD 6 **VERKRAMPFTHEIT**

Spannungsgrade

<u>SPANNUNGSGRAD 1</u>
HALTLOSIGKEIT

<u>SPANNUNGSGRAD 2</u>
LOCKERHEIT

<u>SPANNUNGSGRAD 3</u>
GEHALTENHEIT

Spannungsgrade

SPANNUNGSGRAD 4
GESPANNTHEIT

„— es ist etwas Köstliches
die Sympathie, etwas merg
liches, wunderbar Rätsel
ich möchte es mit dem Er

SPANNUNGSGRAD 5
GEHEMMTHEIT

[handschriftliche Probe, unleserlich]

SPANNUNGSGRAD 6
VERKRAMPFTHEIT

[handschriftliche Probe] ... so noch recht herzlich gegrüßt
von Deiner Freundin

6.3 Eindruckscharakter-Protokoll

1.
- schwungvoll
- beweglich
- zügig
- flott
- lebhaft
- federnd

2.
- leicht
- locker
- flüssig
- ungezwungen
- gewandt
- biegsam

3.
- expansiv
- großzügig
- gestreckt
- hochfahrend
- ausgreifend
- aufgeblasen

4.
- dynamisch
- wuchtig
- kraftvoll
- nachdrücklich
- zielfest
- unbeirrt

5.
- schwerfällig
- haftend
- zähflüssig
- stockend
- festgefahren
- gestaut

6.
- weich
- kraftlos
- schwunglos
- schlaff
- müde
- lahm
- nachlässig

7.
- gehemmt
- eingeengt
- zögernd
- vorsichtig
- unsicher
- irritierbar
- isoliert

8.
- krampfig
- steif
- starr
- spröde
- drahtig
- sperrig
- verbogen
- überspannt

9.
- überstürzt
- heftig
- fahrig
- getrieben
- flackernd
- fleckig

10.
- unausgeglichen
- verschliffen
- unruhig
- vibrierend
- brüchig
- zerfallen
- schwankend
- absackend

11.
- straff
- gespannt
- zusammengerissen
- hart
- bestimmt
- sicher
- aufrecht

12.
- ruhend
- ausgeglichen
- stetig
- gehalten
- gemessen
- gebremst
- gezügelt

13.
- ursprünglich
- lebendig
- farbig
- warm
- phantasievoll
- üppig

14.
- eigenartig
- individuell
- gestaltet
- selbständig
- kultiviert
- profiliert

15.
- sauber
- klar
- übersichtlich
- geordnet
- eingeschient
- monoton

16.
- schulmäßig
- unselbständig
- infantil
- primitiv
- undifferenziert

17.
- gerundet
- flächig
- breit
- ausladend
- breitspurig

18.
- blaß
- verblasen
- verwaschen
- unklar
- verworren

19.
- grade
- eckig
- kantig
- zackig
- spitzig
- eigenwillig

20.
- kühl
- kalt
- leer
- dürr
- kahl
- karg
- dünn

21.
- zart
- fein
- differenziert
- durchgeformt
- präzise
- gestochen

22.
- schwer
- derb
- unbeholfen
- klobig
- plump
- stagnierend
- stumpf

23.
- einfach
- schlicht
- unbetont
- unaufdringlich
- knapp

24.
- darstellend
- gewollt
- gekünstelt
- maniert
- exzentrisch
- bizarr

81

6.4 Besonderheiten

7100 Sonderformen der Bindungsformen	
7110	Winkelarkaden
7120	Winkelgirlanden
7131	Gestützte Winkel
7132	Arkade
7133	Girlande
7141	Geschleifter Doppelbogen/Winkel
7142	Geschleifte Arkade
7143	Girlande
7151	Haifischzahn an Winkel
7152	Arkade
7153	Girlande

7200 Schwankungsarten der Bewegung, der Form- und Raumbehandlung	
7201	Schräger oder steiler werdende Wortenden
7202	Kleiner oder größer werdende Wortenden
7203	Enger- oder weiterwerdende Wortenden
7204	Zu- oder abnehmende Längenunterschiede
7205	Divergenzen zwischen Kurz- und Langlängenneigungswinkel
7206	Dachziegelförmig steigende oder fallende Zeilen
7207	gewölbte, gehöhlte oder schwankende Zeilen
7208	ungleichmäßige Ränder
7209	Verhältnis zwischen Schriftgröße und Unterschriftsgröße
7210	Korrekturen, Durchstreichungen
7211	Schwellzüge
7212	Querdruck (zonenbegrenzter Druck), Druck im Aufstrich, punktförmiger Druck
7213	Bewegungsrückschläge (Anfangs- und Endhäkchen)

7300 Akzentuierungen von Anfängen, Enden, Zonen, bestimmten Buchstaben und Wörtern

7310 Anfangs- und Endbetonung durch	
7311	abgetrennte Anfangsbuchstaben (Endbuchstaben)
7312	große Druckbuchstaben an Wortanfängen
7313	Anfangsschwünge, Schnörkel
7314	Verlängerungen, Hinzufügungen, („religiöse Kurve")
7315	ausfahrende Bewegungen
7316	Strichverstärkungen
7317	Vergrößerungen, Aufblähungen, Erweiterungen der Formen

7318	Anfangs- und Endarkaden und -girlanden
7319	abgestemmte Wortenden
7320	Gestaltung der Anschrift und der Anrede
7321	Gestaltung der Unterschrift

7330 Akzentuierung der Zonen durch

7331	Völle
7332	Druck
7333	Bereicherung, Verschnörkelung
7334	Verklecksung von Ober-und Unterzonenschleifen
7335	übermäßigen Ausgriff nach oben oder unten
7336	Hineinreißen von Buchstabenteilen in nichtadäquate Zonen
7337	Verstärkung der Mittelzone durch Verkümmerung der Ober- und Unterzone

7340 Akzentuierung bestimmter Buchstaben durch

7341	Völle
7342	Weite
7343	Größe
7344	Vereinfachung
7345	Verschnörkelung
7346	Einrollungen
7347	Hinzufügungen
7348	Strichverdickungen

7350 Akzentuierung von Wörtern durch

7351	verschiedenartige Unterstreichungen
7352	Sperrungen
7353	Lateinschrift in deutscher Schrift bei Namensangaben etc.

7400 Veränderungen von Buchstaben und deren Teilen

7401	Ligaturen
7402	Deckstriche
7403	Eigenwillige Buchstabengestaltungen
7404	Zahlen- und notenförmige Buchstaben
7405	Krallenzüge
7406	Verundeutlichungen
7407	Links- oder rechtsgehöhlte Langlängen
7408	Rechtszügige Wegverkürzungen
7409	Ecken statt Schleifen
7410	Schalen statt Schleifen
7411	Nicht geschlossene Unterlängen

7412	Zu tief geschlossene Unterlängen
7413	Verwehte Unterlängen (Oberlängen)
7414	Linksläufige Arkade oder Girlande statt Schleife in den Unterlängen
7415	Zugespitzte Unterlängen
7416	Knickungen in den Auf- und (oder) Abstrichen, an den d-Köpfchen
7417	Anflickungen von Schleifen
7418	Zu hoch oder zu tief gesetzte t-Striche
7419	Steigende oder fallende t-Striche
7420	Voreilende oder zurückbleibende t-Striche
7421	t-Strich und Schleife gleichzeitig

7500 Ausfall von Schriftelementen oder deren Bindegliedern

7501	Fehlende Anfangs- und Schlußzüge
7502	Verknappungen von Buchstaben
7503	Verundeutlichungen durch zu weitgehende Vereinfachung
7504	Fehlende Buchstabenteile
7505	Buchstabenzerreißungen (abgerissene Unterlängen)
7506	Buchstabenzerfall
7507	Lötschrift
7508	Bindungsunvermögen
7509	Fehlen von Satzzeichen (Nicht eigentliche Interpunktionsfehler, sondern fehlende Punkte am Satzende.)

7600 Besonderheiten der Satz- und Oberzeichenbehandlung
(Bei fremden Sprachen eventuell auch Unterzeichenbehandlung)

7601	i-Striche statt Punkte
7602	Oberzeichen verlaufen nach rechts, oben, rechts unten, senkrecht
7603	Kreise statt Punkte und Striche
7604	Sonstige Verformungen der Oberzeichen (z.B. „Herzchen") Haken, keil-, dolch- oder sichelförmige Oberzeichen u.a.
7605	Einbindungen von Oberzeichen
7606	Verdoppelung von i-Punkten
7607	(Fehlen der Oberzeichen)
7608	Kommata verlaufen nach rechts unten, senkrecht, gerade, gebogen, geknickt
7609	und folgende : Behandlung von Trennungs- und Bindestrichen, Semikolons, Anführungsstrichen, Klammern und anderen Zeichen

7700 Besonderheiten der Zahlenbehandlung

7800	**Widersprüchlichkeiten in der Schrift**
7801	Wegkürzende Rechtstendenz bei Langsamkeit
7802	Teigige Verklecksungen in scharfen Schriften
7803	Mischungen von Schulvorlagen
7804	Betont weite Wortabstände bei Zeilenverhäkelung
7805	Enge Wortabstände bei betont weiten Zeilenabständen

6.5 Weitere Variablen

Wie bereits in der Einleitung zu diesem Kapitel festgestellt wurde, handelt es sich bei den hier angebotenen Variablendefinitionen um eine Auswahl zu Übungszwecken.

Nach gründlicher Durcharbeitung der zur Übung angebotenen graphischen Variablen sollte der Studierende der Schriftpsychologie in der Lage sein, graphische Variablen aller Schulen und Richtungen so zuverlässig zu ermitteln, wie es die ihm jeweils gebotene Definition einer solchen Variablen überhaupt ermöglicht.

Die gebotenen Definitionen dürften den inzwischen verwöhnten Studierenden allerdings oft enttäuschen. Sollen weitere Variablen in das oben vorgelegte graphische Repertoire aufgenommen werden, dann ist daher nur anzuraten, die für sie angebotenen Definitionen kritisch zu prüfen und bei Bedarf aufzubereiten. Daß es sich hier um eine Aufgabe für qualifizierte Schriftpsychologen handelt, dürfte außer jedem Zweifel stehen. Veröffentlichungen über die Ergebnisse derartiger Unternehmen – vor allem über erzielte Objektivitätsdaten – dürften von der Fachwelt nur begrüßt werden.

Ein Blick auf Abbildung 4.1 zeigt, daß es noch viele Grundvariablen gibt, die hier nicht abgehandelt wurden.

Von diesen werden z.B. Teigigkeit und Schärfe, Linksläufigkeit und Rechtsläufigkeit, Strichführung, Einheitlichkeit, Bewegungs-, Form- und Verteilungsrhythmus bei Müller & Enskat (1993) genannt und definiert. Andere Definitionen – wie etwa für Formniveau oder Ebenmaß – müssen in der übrigen Literatur gesucht werden.

Auch die von Wallner (1987) zu Forschungszwecken zusammengestellten *Eindruckscharaktergruppen* sind in der Auswahl nur mit zwei Gruppen unter veränderten Bezeichnungen („6.2.1 *Expansion der Bewegung*", „6.2.3 *Eigenart*") und mit zum Teil geändertem Inhalt vertreten. Da sich die insgesamt neun Eindruckscharaktergruppen als zusätzliches Anschauungs- und Übungsmaterial eignen, werden sie in Abbildung 6.1 erneut vorgestellt.

Daß es dem Beurteiler stets freisteht, eigene Eindruckscharaktere und Besonderheiten zur Charakterisierung von Schriften zu verwenden, wurde bereits im Kapitel 5 dargelegt.

Abbildung 6.1: Eindruckscharaktergruppen nach WALLNER (1987)
Der Umfang der Skala kann frei gewählt werden

INDIVIDUALITÄTSGRAD		AUSGEGLICHENHEIT DER BEWEGUNG	
Schulmässig	individuell	Zügellos	ausgeglichen
Unselbständig	persönlich	Überstürzt	bedächtig
Unfrei	ausgereift	Hastig	gesammelt
Kindlich	selbständig	Heftig	gezügelt
Primitiv	kultiviert	Fahrig	stetig
Infantil	stilisiert	Flackernd	gemessen
Naiv	frei	Zerfahren	gehalten
Gewöhnlich	profiliert	Nervös	ruhig
Armselig		Springend	gleichmäßig
Hilflos		Labil	stabil
		Irritierbar	

FLÄCHENWIRKUNG		BEWEGUNGSFÜHRUNG	
Leer	dicht	Gerade	rund
Entleert	ausgefüllt	Eckig	gerundet
Vereinzelt	netzartig	Zackig	sanft
Kahl	üppig	Spitz	weich
Dürr	vielfältig	Kantig	
Verdorrt	mannigfaltig	Hart	
Karg			
Knöchern			
Dürftig			

FORMBETONUNG		SICHERHEIT DER BEWEGUNG	
Einfach	darstellend	Unsicher	flüssig
Schlicht	gekünstelt	Stockend	gewandt
Unbetont	maniriert	Unbeholfen	zügig
Unaufdringlich	überladen	Zerrissen	glatt
Unverbildet	übertrieben	Geflickt	gelöst
Nüchtern	affektiert	Zittrig	gleitend
Formlos	exzentrisch	Ungekonnt	federnd
Undifferenziert	phantastisch	Gehemmt	biegsam
	bizarr	Brüchig	locker
	auffallend	Schwerfällig	elastisch
		Unbiegsam	geschmeidig
		Krampfig	sicher
		Starr	gekonnt
		Versteift	unbeirrt
		Spröde	
		Überspannt	
		Verregelt	
		Festgefahren	

EXPANSIVITÄT DER BEWEGUNG		INTENSITÄT DER BEWEGUNG	
Verkrampft	ausgreifend	Lahm	drängend
Vorsichtig	großzügig	Matt	forsch
Unexpansiv	expansiv	Absackend	dynamisch
Haftend	schweifend	Unbestimmt	bestimmt
Zögernd	hochfahrend	Unentschieden	entschieden
Eingeengt	ansprüchig	Unfest	fest
Zurückschreckend	breitspurig	Schlaff	intensiv
Gestaut	gestreckt	Kraftlos	gespannt
Gequetscht	aufgeblasen	Zerfallen	straff
Eingeschient		Träge	nachdrücklich
Verkrochen		Hängend	stoßend
Tastend		Müde	kraftvoll
		Unlebendig	wuchtig

STRICHQUALITÄT	
Schmierig	klar
Fleckig	sauber
Verschwommen	präzise
Breiig	gestochen
Tuschig	fein
Stumpf	zart

Teil III

Die Systematisierte Handschriftenanalyse

7. Der Aufbau der Systematisierten Handschriftenanalyse

Die psychologische und forensische Auswertung der Handschrift setzt gediegene Kenntnisse und Fertigkeiten in der Ermittlung des graphischen Tatbestandes voraus. Diese zu vermitteln, war das Anliegen des zweiten Teils des vorliegenden Kompendiums.

Wenn der Studierende der Schriftpsychologie diese Kenntnisse und Fertigkeiten unter kompetenter Anleitung erworben hat, darf er sich mit gutem Gewissen dem Studium der psychologischen und/oder forensischen Handschriftenanalyse zuwenden.

Es steht dem Studierenden nun frei, sich mit Hilfe irgendeiner der in einschlägigen Lehrbüchern angebotenen Methoden oder Lehren weiterzubilden. Wenn er sich in die Handschriftendiagnostik vertiefen will, kann er sich aber auch – zumindest vorerst – mit der im folgenden beschriebenen *Systematisierten Handschriftenanalyse* befassen. Sie unterscheidet sich allerdings in wesentlichen Punkten von konventionellen Auswertungsmethoden: Ausgegangen wird nicht von der Handschrift und ihren Variablen, die mühsam gedeutet werden müssen; sondern es geht in vorgeschriebenen Etappen von grundsätzlichen, übergreifenden und relativ leicht überprüfbaren Befunden zu differenzierten psychologischen Aussagen. Das ist auch der Grund, warum sie *Systematisierte Handschriftenanalyse* genannt wird.

7.1 Der theoretische Ausgangspunkt

Die *Systematisierte Handschriftenanalyse* ist eine rein pragmatisch begründete Methode. Sie stützt sich weder auf eine spezielle psychologische Theorie oder Lehre noch auf eine besondere schriftpsychologische Schule. Jede Bindung an ein auf völlig anderen Voraussetzungen aufgebautes psychologisches System oder an eine Typologie würde eine Anpassung der Methode an ihr im Grunde artfremde Gegebenheiten erfordern. Sie gründet sich daher einzig und allein auf im Laufe von Jahrzehnten unmittelbar an der Handschrift gewonnene Erfahrungen, die zu Arbeitshypothesen verdichtet wurden.

Grundpfeiler der Methode ist die schlichte Beobachtung, daß der Mensch seit eh und je seinen Intentionen und seinem Befinden durch Gesten, Mimik, Körperhaltung und Stimmlage Ausdruck verleiht. Diese Signale werden vom Empfänger meist unmittelbar und unreflektiert gedeutet. Dieses Phänomen wird unter der für jedermann verständlichen Bezeichnung *Körpersprache* zusammengefaßt.

Die Handschrift ist ihrer Natur nach ebenfalls eine Körpersprache, deren Gesten zudem auf dem Schriftträger „konserviert" und daher immer aufs Neue „abgelesen" werden können. Allerdings ist die Schreibbewegung aufgrund der mit ihr verbundenen Intention der Bewahrung und Übermittlung von Mitteilungen an

Vorschriften und Vorlagen gebunden, die zumindest so weit eingehalten werden müssen, daß der Zweck des Schreibens nicht verlorengeht. Dieser die „natürliche" Bewegung beeinflussende Umstand muß selbstverständlich bei jeder schrift-psychologischen Analyse beachtet werden.

Im Gegensatz zu den in der konventionellen Handschriftendiagnostik üblichen Verfahren werden in der *Systematisierten Handschriftenanalyse* die auf dem Schriftträger bewahrten körpersprachlichen Gesten unmittelbar und ohne den Umweg über Merkmalsdeutungen ausgewertet.

Gegen die Auswertung körpersprachlicher Äußerungen läßt sich nun prinzipiell anführen, daß sie mißverstanden, bewußt gesteuert oder gar verfälscht werden können. Das ist eine bekannte Tatsache, mit der wir uns abfinden müssen. Es handelt sich hier aber nicht um ein methodenspezifisches Problem, sondern um allgegenwärtige Fehlerquellen der Verhaltensbeobachtung. Sie sind daher keine hinreichenden Argumente gegen die Auswertung der Schriftspur im Hinblick auf ihre „körpersprachlichen" Mitteilungen.

Eine ausführliche Darstellung der Möglichkeiten, Grenzen und Probleme der Verhaltensbeobachtung findet sich bei Fisseni (1990).

7.2 Verschiedene Wege zur gutachtlichen Äußerung

Jede psychologische Handschriftenanalyse hat eine gutachterliche Äußerung zum Ziel. Diese erfolgt in Form eines mündlichen oder schriftlichen Gutachtens. Der Umfang reicht von schlichten Feststellungen wie „geeignet" oder „nicht geeignet" bis zu umfassenden Persönlichkeitsbeschreibungen.

Basis dieser Beurteilungen sind in der konventionellen Handschriftendiagnostik die graphischen Eigenheiten der jeweiligen Handschrift. Diese werden – je nach Schule oder Richtung – ermittelt und dann gedeutet. Eine übersichtliche Darstellung der Auswertungsgrundlagen der konventionellen Handschriftendiagnostik mit Hilfe von Herleitungsprinzipien, Bedeutungsableitungen und Bedeutungs-einschränkungen nach Klages, Pulver, Heiss und Müller & Enskat findet sich in den Kapiteln 4 und 5 in Müller & Enskats Standardwerk von 1993.

Wie der normale praktizierende Handschriftenanalytiker seine Ergebnisse letzt-lich erzielt, ob er systematisch vorgeht oder sich von Eingebungen leiten läßt, bleibt allerdings weitgehend im dunkeln.

Je differenzierter die Aussagen sind, um so größer ist das Risiko der Fehl-beurteilung. Hector (1995) schildert dieses Dilemma sehr anschaulich: „*Es handelt sich bei den verstehenden Urteilen (...) um Urteile, die einen seelischen Zustand beschreiben, oft ergänzt durch Vermutungen über das Verhalten in gedachten Lebensumständen. Es gibt da ein gewagtes Sich-Ausmalen von Folgen.*"

Von einem Beurteiler, der dann nicht einmal in der Lage ist, fundamentale Persönlichkeitszüge eines Schrifturhebers mit zufriedenstellender Sicherheit festzustellen, kann man selbstverständlich schon gar keine zuverlässigen Einzel-aussagen erwarten.

Aus diesen Gründen sieht die *Systematisierte Handschriftenanalyse* eine Auswertung in drei Stufen vor, wobei diese Stufen verschiedene Ebenen der Aussage-Sicherheit darstellen. Zuerst müssen generelle Feststellungen zur Persönlichkeit getroffen werden. Erst dann darf zu vertieften Analysen geschritten werden.

Der Zusatz „*systematisiert*" weist darauf hin, daß die Analyse nach den Gegebenheiten eines Systems oder Regelwerks erfolgen muß. Und das ist vor allem auf der ersten Auswertungsstufe der Methode der Fall. Danach werden die Zügel für eine freiere Auswertung der Handschrift gelockert.

Mit dieser Strukturierung soll die Handschriftenanalyse auf eine solide, den modernen Wissenschaftskriterien genügende Basis gestellt werden. Es kann aber schon jetzt festgestellt werden, daß das grundsätzlich geänderte Arbeitsschema und die Verlegung des Beurteilungsschwerpunktes eine völlige Umkehrung des tradierten Auswertungsganges beinhalten.

7.3   Die Besonderheiten der Methode

Die *Systematisierte Handschriftenanalyse* unterscheidet sich in fünf wesentlichen Momenten von den herkömmlichen Auswertungsverfahren.

1. Die *Systematisierte Handschriftenanalyse* beginnt nicht mit einer umfassenden Ermittlung des graphischen Tatbestandes. Vielmehr sollen die Ausprägungsstufen von vorher ausgewählten Grundeigenschaften (Definition siehe 7.4.1) ermittelt werden.

2. Die dazu benötigten graphischen Variablen sind im voraus in einem Auswertungsprotokoll festgelegt. Anhand dieses Protokolls wird die Handschrift daraufhin untersucht, welche graphischen Hinweise auf die gefragte Grundeigenschaft sie enthält.

Die schriftpsychologische Vorarbeit für die Auswertung wird hier also weitgehend vorweggenommen. Das Für und Wider eines solchen Vorgehens kann man diskutieren. Es steht jedoch fest, daß es wesentlich leichter und vor allem sicherer ist, aus einem Angebot von Kriterien die passenden herauszusuchen, als diese selbst mühselig und eventuell auch noch unvollständig zu produzieren.

3. *Die graphische Beurteilungsunterlage* hat einen anderen Schwerpunkt. Bei den im voraus zur Diagnose einer Grundeigenschaft ausgewählten graphischen Variablen handelt es sich kaum um Merkmale und deren Ausprägungsgrade, sondern in der überwiegenden Mehrzahl um Eindruckscharaktere.

4. Die *Systematisierte Handschriftenanalyse* geschieht in bis zu drei Etappen:

• Mit dem im Absatz 1 beschriebenen Verfahren erhält man zuerst stets eine Ganzheitsbeurteilung der gefragten Grundeigenschaft. Mit dieser Feststellung kann die Analyse abgebrochen werden.

• Auf der Basis dieser Ganzheitsbeurteilung kann aber auch eine vertiefte, aber immer noch strukturierte psychologische Auswertung erfolgen. Diese erbringt Hinweise auf Persönlichkeitsmerkmale.

• Danach steht es dem Beurteiler frei, diese Persönlichkeitseigenschaften in einem Gutachten nach alter Sitte weiterzuverarbeiten.

5. Graphisch erfaßbare Grundeigenschaften können nach Belieben aneinandergereiht werden. Damit erhält man regelrechte *Schrift-Testbatterien*. Diese bilden den Kern des gesamten, hier vorgelegten Auswertungsverfahrens. Ein Modell wird in Kapitel 8 vorgestellt. Die Methode bildet also kein abgeschlossenes, endgültiges System, sondern kann jederzeit erweitert, der jeweiligen Fragestellung angepaßt und auch „modernisiert" werden.

7.4 Die Bestandteile der Methode

7.4.1 Eigenschaften und Grundeigenschaften

Nach Dorsch (1994) sind *Eigenschaften* aus dem Verhalten erschlossene hypothetische Konstrukte, die relativ überdauernde, nicht situationsspezifische Persönlichkeitsmerkmale bezeichnen.

Um die im Zuge der *Systematisierten Handschriftenanalyse* primär zu erfassenden Eigenschaften zu charakterisieren, werden sie hier *Grundeigenschaften* genannt. Es handelt sich um „Persönlichkeitsaspekte, in bezug auf welche die meisten reifen Menschen in einer gegebenen Kultur verglichen werden können" (Allport, zitiert nach Dorsch, 1994). An jeder dieser Grundeigenschaften können verschiedene *Ausprägungsstufen* unterschieden werden.

Die Wahl dieser Bezeichnungen und ihrer Anwendung ist praxisorientiert. Sie geht bewußt vorbei an der seit eh und je in der Differentiellen Psychologie geführten Diskussion von Eigenschaftstheorien.

Eine umfassende Darstellung der Grundlagen und Probleme der Differentiellen Psychologie bieten Amelang & Bartussek (1990).

7.4.2 Die Indikatoren

Die Gesamtheit der graphischen Variablen, die in der *Systematisierten Handschriftenanalyse* zur Feststellung der Ausprägungsstufe einer Grundeigenschaft herangezogen werden, wird im folgenden unter der Bezeichnung *Indikatoren* zusammengefaßt, ganz gleich, ob es sich um *Merkmale, Ganzheitsqualitäten, Eindruckscharaktere* oder *Besonderheiten* handelt.

Welche Sorte bietet nun die für die *Systematisierte Handschriftenanalyse* geeignetsten Indikatoren?

In der konventionellen Handschriftendiagnostik geht man primär von Merkmalen und Ganzheitsqualitäten – also den sogenannten Grundvariablen – aus. Eindruckscharaktere und Besonderheiten – also die Wahlvariablen – werden dagegen erst im fortgeschrittenen Stadium der Analyse hinzugezogen.

Wer die in Kapitel 6 gebotenen Übungsbeispiele durchgearbeitet hat, weiß, daß sich vor allem die Merkmale meist leichter und sicherer ermitteln lassen als Ganzheitsqualitäten und Eindruckscharaktere. Das hat seit je zu einer nicht sachgerechten Bevorzugung, wenn nicht gar Überbewertung der Merkmale verführt. Davon legen die vielen, im Laufe der Jahrzehnte veröffentlichten graphologischen Lehr- und „Koch"-bücher sowie die weniger zahlreichen, an Handschriftenvariablen durchgeführten Faktoranalysen eindeutig Zeugnis ab.

Eindruckscharaktere und Ganzheitsqualitäten stehen der spontanen Körpersprache jedoch viel näher als die weitgehend von Schulvorlage und Konvention beeinflußten Merkmale. Sie werden sogar weitgehend unabhängig von der in der Schriftprobe als Kommunikationsmittel verwendeten Sprache produziert. Man vergleiche nur die von ein und demselben Verfasser stammenden, aber in verschiedenen Sprachen abgefaßten Schriftproben! Ein anschauliches, weit über unseren Kulturkreis und unsere Schreibweise hinausgehendes Beispiel bietet Halder (1994).

Vor allem aus diesen Gründen wurde bei der Auswahl der Indikatoren vorwiegend auf Eindruckscharaktere und Besonderheiten zurückgegriffen.

Über die Eindruckscharaktere schreiben Müller & Enskat (1993):
„*Wir erfassen mit den Eindruckscharakteren den Ausdruck der Schreibbewegung, in der (...) das Wesen des Ausdruckssenders (...) unmittelbar anschaulich erscheint. Eine Herleitung wird daher überflüssig, denn der Eindruckscharakter, der die Eigentümlichkeit der Bewegung kennzeichnet, bezeichnet in den meisten Fällen zugleich die Bedeutung dieser Bewegungsart.*"

Gleiches kann man über die Besonderheiten anführen.

Wenn gelegentlich Grundvariablen zur Auswertung verwendet werden, dann handelt es sich oft nur um ausgewählte Teile von ihnen (z.B. *Mikroschrift*). Und diese können wie Besonderheiten behandelt werden. Diese „Entthronung" der Merkmale führt übrigens kaum zu Informationseinbußen: Die Ausprägungsgrade und besonderen Qualitäten der Merkmale werden nämlich allemal indirekt über Eindruckscharaktere und als Besonderheiten erfaßt. In einer Abhandlung von Paul-Mengelberg (1972), in der Eindruckscharaktere ebenfalls als wesentliche Informationsquelle benutzt werden, werden diese sogar mit Hilfe von Merkmalen und Ganzheitsqualitäten näher charakterisiert.

8. Zusammenstellung einer Schrift-Testbatterie

8.1 Die ausgewählten Grundeigenschaften

Für die Erstellung des Schrift-Testbatterie-Modells wurden 15 Grundeigenschaften ausgewählt. (Tabelle 8.1).

Tabelle 8.1: Zusammensetzung der Schrift-Testbatterie

GRUNDEIGENSCHAFTEN	ANZAHL*) Indikatoren	Auswertungsvorschläge
1. Physische Spannung	89	84
2. Grundstimmung	66	40
3. Psychische Stabilität	46	29
4. Umfang des Antriebs	45	31
5. Tempo des Antriebs	47	31
6. Stärke des Antriebs	35	27
7. Selbstvertrauen	53	30
8. Geltungsstreben	48	25
9. Selbstbeherrschung	49	28
10. Willensstärke	44	34
11. Umweltbeziehung	43	31
12. Persönliche Eigenart	45	33
13. Phantasie	41	26
14. Intellektuelle Kontrolle	41	31
15. Kontaktfähigkeit	46	33
S:a	738	510

*) Diese Angaben beziehen sich auf die erste Version der Auswertungsprotokolle. Nachträgliche Justierungen können gelegentlich geringfügige, für die Argumentation bedeutungslose Änderungen der Frequenzen zur Folge haben.

Ausschlaggebend für die Auswahl dieser Grundeigenschaften war, daß sie
• für die alltägliche Beurteilungspraxis brauchbar,
• nach ihrer Ausprägung stufbar und
• aufgrund empirischer Erfahrung durch graphische Variablen erfaßbar sind.

Die Zusammenstellung der Batterie ist willkürlich. Nach den hier gegebenen Vorbildern und der Beschreibung des theoretischen Hintergrunds lassen sich ohne weiteres andere, „bedarfsangepaßte" Grundeigenschaften beschreiben und in Batterien zusammenfassen. Für Forschungszwecke und Kontrolluntersuchungen oder bei besonderen Fragestellungen können die hier aufgeführten Grundeigenschaften auch einzeln oder in Gruppen aus der Batterie herausgelöst und für sich untersucht oder in andere Batterien eingefügt werden.

8.2 Die ausgewählten Indikatoren

Jede Grundeigenschaft muß durch eine möglichst große Anzahl von Indikatoren beschrieben werden, die „körpersprachlich" so spezifisch wie möglich für sie sind.

Um diese Bedingung zu erfüllen, wurden zu Beginn 449 verschiedene Indikatoren ausgewählt.

Von diesen 449 Indikatoren sind

12	(3%)	Fraktionen von Merkmalen
17	(4%)	Ganzheitsqualitäten
34	(8%)	Besonderheiten
386	(86%)	Eindruckscharaktere

Aus dieser Aufstellung geht hervor, daß die Eindruckscharaktere in den graphischen Beschreibungen der 15 Grundeigenschaften eine überwältigende Mehrheit darstellen.

Die 386 verschiedenen Eindruckscharaktere werden insgesamt 633mal eingesetzt.

219	(57%)	der Eindruckscharaktere werden nur einmal	(219)
108	(28%)	zweimal	(216)
43	(11%)	dreimal	(129)
11	(3%)	viermal	(44)
5	(1%)	fünfmal verwendet	(25)
386			(633)

85 Prozent der Eindruckscharaktere werden also nur ein- oder zweimal in der Gesamtbatterie verwendet. Am häufigsten wurden die Eindruckscharaktere *fließend, gezügelt, gleichmäßig, kraftlos* und *unsicher* benutzt.

Die übrigen 63 Indikatoren – also die Merkmalsfraktionen, Ganzheitsqualitäten und Besonderheiten – werden mit variierender individueller Häufigkeit insgesamt 105mal verwendet. Zusammen mit den 633mal verwendeten Eindruckscharakteren ergibt dies insgesamt 738 Einsätze von Indikatoren (Tab. 8.1).

Wieviele Indikatoren dem Beurteiler für die einzelnen Grundeigenschaften angeboten werden, geht ebenfalls aus Tabelle 8.1 hervor.

8.3 Die Auswertungsprotokolle

Zur Ermittlung des graphischen Tatbestandes und der Festlegung der Ganzheitsbeurteilung gibt es für jede der 15 Grundeigenschaften ein eigenes Auswertungsprotokoll. Jedes dieser Protokolle enthält außerdem „Weitere Auswertungsvorschläge" zu einer vertiefenden Analyse.

Die 15 Auswertungsprotokolle werden im Kapitel 10 in ihrer Gänze vorgelegt. Als Beispiel für die Auswertungsprotokolle soll das Protokoll zur Beurteilung des Geltungsstrebens dienen (Abbildung 8.1).

8.3.1 Die Aufstellung der Indikatoren

Für die Beurteilung des *Geltungsstrebens* werden insgesamt 46 graphische Indikatoren angeboten. 30 von ihnen sind Eindruckscharaktere. Sie sind nach ihrer „psychischen Ladung" auf zwei Spalten oder Blöcke verteilt. Verwandte und graduierende Beschreibungen stehen dort meist beieinander. Eine konsequentere Reihenfolge (außer der hier unangemessenen alphabetischen) läßt sich nicht erstellen.

In der vorliegenden Schrift-Testbatterie gibt es drei Abweichungen von dieser Regelung:

Für die Beurteilung der *Grundstimmung* und der *persönlichen Eigenart* stehen zwecks besserer Differenzierung drei Spalten mit Indikatoren zur Verfügung.

Zur Beurteilung der *physischen Spannung* wird für jeden der sechs Spannungsgrade ein eigener Block mit im Durchschnitt 15 Indikatoren angeboten. Diese von Pophal zusammengestellten und hier fast unverändert übernommenen Eindruckscharakter-Blöcke sind allerdings nicht völlig disjunktiv – was gelegentlich irritierend wirken kann.

8.3.2 Platz für Ganzheitsbeurteilungen

Auf der ersten Auswertungsstufe soll mit Hilfe der Indikatoren bei allen 15 Grundeigenschaften eine Ganzheitsbeurteilung durchgeführt werden. Diese soll unter Verwendung einer numerischen Skala erfolgen.

Nun wird aus Graphologenkreisen immer wieder der alte Einwand vorgetragen, daß man damit „Menschen in Zahlen pressen" würde – was ja u.a. aus ästhetischer, ethischer und weltanschaulicher Sicht tatsächlich recht übel wäre. Wie unsinnig das herabwürdigend gemeinte Argument der Zahlenpresserei in Wirklichkeit ist, kann man leicht ermessen, wenn man an Schüler denkt, die in einem Schulfach „benotet" werden. Kein vernünftig denkender Mensch versteigt sich hier zu der kühnen Behauptung, dadurch würden „Schüler in Zahlen gepreßt".

Tatsächlich werden einzig und allein primäre, zusammenfassende und damit naturgemäß etwas gröbere Aussagen von Gutachtern über Eigenschaften oder Fähigkeiten aus verbalen Feststellungen in leichter vergleichbare und natürlich

GRAPHISCHE INDIKATOREN

- bescheiden	- aufrecht
- schlicht	- gereckt
- einfach	- gestreckt
- vornehm	- hochfahrend
- zurückhaltend	- ausfahrend
- unauffällig	- ausladend
- unbetont	- Platz brauchend
- zart	- breitspurig
- winzig	- auffallend
- unaufdringlich	- dargestellt
- anspruchslos	- übertrieben
- schulmäßig	- überladen
- brav	- verdreht
- wenig Eigenart	- verziert
- keine Akzentuierungen	- schwülstig
- geringe Ausgeprägtheitsgrade	- maniertiert
der Merkmale	- gewollt
- ausgeprägte/dominante Kleinheit	- Unter- u. Überstreichungen
- eher bewegungs- als formbetont	- Anfangs- u. Endbetonungen
- Unterschrift nicht größer als Textschrift	- herausschießende Oberlängen
- vorschriftsmäßige Raumeinteilung	- große Längenunterschiede oder
- gute Leserlichkeit	ausgeprägte Größe
- Mikroschrift	- eigenwillige Zusammenziehungen
	und Umbiegungen
	- Erworbenheiten
	- vergrößerte Unterschrift
sind Argumente für	**sind Argumente für**
SCHWACHES GELTUNGSSTREBEN	**STARKES GELTUNGSSTREBEN**

GANZHEITSBEURTEILUNG

1   2   3   4   5   6   7

WEITERE AUSWERTUNGSVORSCHLÄGE

- Bescheidenheit	- Selbstachtungsbedürfnis
- Anspruchslosigkeit	- Ehrgefühl
- Demut	- Vervollkommnungsstreben
- Gehorsam	- Leistungsehrgeiz
- Einfachheit	- Führungsanspruch
- Vornehmheit	- Geltungsbedürfnis
- Zahrtgefühl	- Selbstherrlichkeit
- Zurückhaltung	- Selbstbespiegelung
- Einordnungswilligkeit	- Aufgeblasenheit
- Takt	- Anmaßlichkeit
- Rücksicht	- Renommiersucht
- Unterwürfigkeit	- Dreistigkeit
	- Eitelkeit
	- Arroganz
	- Ichbetonung
	- Egozentrik

98

auch statistisch besser handhabbare Zahlenwerte transformiert (s. „Umwandlungstabelle", Tabelle 5.1).

Für die Ganzheitsbeurteilungen werden in dieser Batterie 7-stufige Skalen angeboten. Die Beurteilung der *physischen Spannung* geschieht jedoch nach anderen Regeln (s. 6.2.4). Zur besseren Übersicht und vor allem zur Dokumentation können sämtliche Ganzheitsbeurteilungen in einem *Persönlichkeitsprofil* (Abbildung 8.2) zusammengeführt werden. Für Untersuchungen mit begrenzter Fragestellung (z.B. Vorauswahl, Einkreisung von Problemen, Überprüfung anderweitig gewonnener Ergebnisse) und selbstverständlich auch für Reliabilitäts- und Validitätsuntersuchungen ist eine solche übersichtliche Darstellung von Ganzheitsbefunden meist völlig ausreichend.

8.3.3 Weitere Auswertungsvorschläge

Auf der Grundlage des Ganzheitsbefundes kann eine vertiefte Analyse durchgeführt werden. Um diese zu erleichtern, werden auf den 15 Auswertungsprotokollen unter der Rubrik „*Weitere Auswertungsvorschläge*" insgesamt 510 Persönlichkeitsmerkmale angeboten. Diese Eigenschaften kann man auch *Folgeeigenschaften* nennen. Es handelt sich um eine bunte Mischung von Wesens-, Verhaltens- und Leistungseigenschaften (Lersch, 1954); (Hauptquelle: Müller & Enskat 1993).

378	(86%)	der Eigenschaften werden nur einmal	(378)
50	(11%)	zweimal	(100)
8	(2%)	dreimal und	(24)
2	(--%)	viermal verwendet	(8)
438			(510)

Nur zwei Prozent der 438 Persönlichkeitsvariablen werden also öfter als zweimal angeboten. Bei den beiden viermal verwendeten Persönlichkeitsmerkmalen handelt es sich um *Unsicherheit* und *Ängstlichkeit*.

In sämtlichen Auswertungsprotokollen sind die *Weiteren Auswertungsvorschläge* den graphischen Indikatoren entsprechend in Spalten respektive Blöcken angeordnet. Im allgemeinen handelt es sich um etwa 30 Folgeeigenschaften. Wieviele Vorschläge für jede einzelne Grundeigenschaft exakt zur Verfügung stehen, geht aus Tabelle 8.1 hervor. Die zu den niederen Skalenwerten der Ganzheitsbeurteilung passenden Eigenschaften stehen unter diesen, die zu den höheren Werten passenden unter jenen. Innerhalb der Spalten und Blöcke sind die Persönlichkeitsmerkmale nicht oder nur locker geordnet. Aus diesem Angebot kann der Beurteiler mit der Ganzheitsbeurteilung konform gehende Folgeeigenschaften heraussuchen. Dieses Vorgehen wird *Stichwortanalyse* genannt.

Die Ergebnisse können zwecks besserer Übersicht in einen *Persönlichkeitsbogen* (Abbildung 8.3) eingetragen werden. Damit verfügt der Beurteiler über einen „Katalog" von Eigenschaften oder Persönlichkeitsvariablen, die dem Schrifturheber zukommen könnten. Es handelt sich also nicht um konkrete Eigenschaften des Schreibers, sondern einzig und allein um Deutungsmöglichkeiten.

Abbildung 8.2 : Persönlichkeitsprofil

PSYCHISCHE GRUNDEIGENSCHAFTEN	1	2	3	4	5	6	7	BEMERKUNGEN
1. Physische Spannung								xxx
2. Grundstimmung								
3. Psychische Stabilität								
4. Umfang des Antriebs								
5. Tempo des Antriebs								
6. Stärke des Antriebs								
7. Selbstvertrauen								
8. Geltungsstreben								
9. Selbstkontrolle								
10. Willensstärke								
11. Umweltbeziehung								
12. Persönliche Eigenart								
13. Phantasie								
14. Intellektuelle Kontrolle								
15. Kontaktfähigkeit								

<u>Abbildung 8.3 : Persönlichkeitsbogen</u>

STICHWORTANALYSE

1.	PHYSISCHE SPANNUNG	1	2	3	4	5	6	
2.	GRUNDSTIMMUNG	1	2	3	4	5	6	7
3.	PSYCHISCHE STABILITÄT	1	2	3	4	5	6	7
4.	UMFANG DES ANTRIEBS	1	2	3	4	5	6	7
5.	TEMPO DES ANTRIEBS	1	2	3	4	5	6	7
6.	STÄRKE DES ANTRIEBS	1	2	3	4	5	6	7
7.	SELBSTVERTRAUEN	1	2	3	4	5	6	7
8.	GELTUNGSSTREBEN	1	2	3	4	5	6	7
9.	SELBSTKONTROLLE	1	2	3	4	5	6	7
10.	WILLENSSTÄRKE	1	2	3	4	5	6	7
11.	UMWELTBEZIEHUNG	1	2	3	4	5	6	7
12.	PERSÖNLICHE EIGENART	1	2	3	4	5	6	7
13.	PHANTASIE	1	2	3	4	5	6	7
14.	INTELLEKTUELLE KONTROLLE	1	2	3	4	5	6	7
15.	KONTAKTFÄHIGKEIT	1	2	3	4	5	6	7

9. Auswertungsanweisungen für die Schrift-Testbatterie

Als Beispiel für die einfache, rationelle und für jedermann nachvollziehbare Weise der Anwendung der Auswertungsprotokolle möge weiterhin das Formular für die Beurteilung des *Geltungsstrebens* (Abbildung 8.1) dienen.

Die Auswertung soll an der *Schriftprobe 9.1* (weibl., 23 J., Uni-stud. (mat/nat)) und der *Schriftprobe 9.2* (weibl., 30 J., Programmiererin) demonstriert werden. Der Text beider Proben ist in schwedischer Sprache abgefaßt.

Für die hier vorgesehene Auswertung ist dieser Umstand nur von begrenzter Bedeutung. Er bietet aber Anlaß zu einer Bemerkung über die *Behandlung fremdsprachlicher Texte:* Der Beurteiler sollte den Text lesen können, um z.B. „mm" von „mn" unterscheiden und eventuell das Fehlen von Buchstabenteilen sehen zu können. Zumindest sollte er das für den Text geltende Alphabet kennen. Im übrigen sei auf den Abschnitt 7.4.2 zurückverwiesen.

9.1 Die Ganzheitsbeurteilung

Die Aufgabe des Beurteilers besteht auf dieser untersten Auswertungsebene hauptsächlich in der exakten Ermittlung des graphischen Tatbestandes mit Hilfe vorgegebener Indikatoren. Aufgrund dieses Befundes soll die Ausprägungsstufe, also die Ganzheitsbeurteilung der untersuchten Grundeigenschaft festgelegt werden.

Spätestens an dieser Stelle sollte der Studierende der Schriftpsychologie mit dem weiteren Studium innehalten und das gesamte Kapitel 5 gründlich repetieren. Diese Repetition dürfte das Verständnis für die folgende Besprechung von Beispielen und Modellfällen erleichtern.

9.1.1 Ermittlung der zutreffenden Indikatoren

Jede Grundeigenschaft wird für sich behandelt. Die Reihenfolge ist beliebig, sollte aber aus später darzulegenden Gründen (s. 9.2) der vorgegebenen Ordnung folgen. Die zur Beurteilung anstehende Schrift wird darauf „abgefragt", ob sich unter den Indikatoren des Auswertungsprotokolls auf die Schrift zutreffende Indikatoren finden.

Diese Inventur muß mit größter Sorgfalt ausgeführt werden, das heißt, daß Indikator für Indikator geprüft werden muß. Die passenden Indikatoren werden im Protokoll auf geeignete Weise markiert und je nach Bedarf mit Kommentaren, Einschränkungen, Verstärkungen, Zusätzen etc. versehen. (Eine ausführliche Darstellung der Ermittlung von Eindruckscharakteren wurde bereits im Kapitel 5.2.2 geboten. Sie gilt in Zukunft auch für alle übrigen Arten von Indikatoren der Batterie.)

Auf diese Weise erhält man eine Anzahl von Auswertungsargumenten, mit deren Hilfe die Ausprägungsstufe der untersuchten Grundeigenschaft bestimmt werden kann.

Prinzipiell hängt die Anzahl der im Einzelfalle wählbaren Indikatoren von mehreren Faktoren ab.

Vor allem variiert die graphische Ergiebigkeit stark unter den Handschriften. Eine bestimmte Anzahl oder Mindestanzahl von auszusuchenden Indikatoren pro Schrift kann daher in diesem gegenüber der Übungsaufgabe (Kapitel 6) begrenzten Rahmen nicht festgelegt werden. Damit bleibt es dem Beurteiler überlassen, vorsichtig nur wenige oder großzügig mehrere nahe verwandte Indikatoren (eventuell bis hin zu offensichtlichen Grenzfällen) auszuwählen. Zudem gibt es für jeden Beurteiler subjektiv leicht respektive schwer erfaßbare Schriften.

Diese Umstände dürften wohl die meisten der an den Auswertungsergebnissen der Schriftproben 9.1 und 9.2 feststellbaren Differenzen zwischen vier unabhängigen Gutachtern erklären.

Wie im Kapitel 5.2.2 besteht hier wieder eine

GELEGENHEIT ZUR SELBSTPRÜFUNG

Für die Schriftproben 9.1 und 9.2 sollen mit Hilfe des Auswertungsprotokolls für das Geltungsstreben alle Indikatoren notiert werden, die nach obigen Anweisungen für die beiden Schriftproben zutreffend sind.

HALT!
ERST WEITERLESEN WENN AUFGABE AUSGEFÜHRT IST!

en glad och positiv tjej som just nu går
hapliq linje, sista terminen på Mitthögsl
nmer ursprungligen från   , en liten b
yttade till Sundsvall för att studera. In
undsvall läste jag samhällsvetenskap
aset, och en etter-gymnasial ADB-utbi
- etter detta jag bestämde mig för att s
tan och valet föll på den treåriga sys
v hatt sommar jobb som receptionist/st-
, Pripps Brysserer mm. Dessa jobb har lö
ä är unika och har olika benov. Min äs
+civilrist har förstörits med dissajobb.
-bete som jag i fortsättningen vill satsa p
-shap som innehålle mycket varierande
-s funnit det ämnesområde som passar
H satsa på att bli projektledare. Dette
om jag är duktis på att samarbeta med
rämmishor om att "hålle manga bollar
tich jag erfarenheter av när jag var projel
C, en internationell studentföreniq, ville
u prova på att leda och organisera projel
den tränar jag workout om sår på keramilt
-ch fantasi och händer för att skapa
tve kela min konst närlisa sida. Jag ha
-titihat som alltiq har varit en av mi-
^ jag varit liten

Anna Pettersson ....

vänligaste ... ...
cykel o slutligen ...
sen ~~lägg~~ lägger man på dub
att få de andra distan-
kända tävlingar går på
kallas "Iron man" (3,8
Här i Sverige börja
del triatleter som t
tideu juni - augus
    Herrar o damer tä:
och samma distanser.
Sverige går starten sam
både könen så man ?
killarna. kul att slå de.

[signature]

VERGLEICHSDATEN

Für die *Schriftprobe 9.1* wurden von den vier Beurteilern im Auswertungsprotokoll für das Geltungsstreben folgende Indikatoren in der Reihenfolge ihrer Häufigkeit ( ) ausgewählt:

- bescheiden   (4)
- schlicht   (4)
- einfach   (3)
- unbetont   (3)
- keine Akzentuierungen   (3)
- Unterschrift nicht größer als Textschrift   (3)
- gute Leserlichkeit   (3)
- zurückhaltend   (2)
- unauffällig   (2)
- zart   (1)

Für die *Schriftprobe 9.2* lauten die entsprechenden Daten:

- Platz brauchend   (4)
- vergrößerte Unterschrift   (4)
- breitspurig   (3)
- auffallend   (3)
- ausladend   (2)
- Größe   (2)
- ausfahrend   (1)
- schwülstig   (1)
- eigenwillige Veränderungen   (1)

In beiden Fällen erscheint die Auswahl der Indikatoren im ganzen gesehen stimmig, die „Ausbeute" jedoch verschieden groß. Die Auswahl geschieht jeweils nur innerhalb einer Spalte und geht eindeutig in eine bestimmte Richtung. Widersprüchliche oder gar sich ausschließende Feststellungen kommen nicht vor. Allerdings werden jeweils nur zwei Indikatoren von allen vier Beurteilern gemeinsam gewählt. Eine totale Übereinstimmung unter unabhängigen Beurteilern ist aber auch gar nicht zu erwarten. Sie dürfte nur unter besonders günstigen Bedingungen, also äußerst selten eintreffen. Die für die Feststellung der Ganzheitsbeurteilung entscheidenden Indikatoren dürften von den Gutachtern jedenfalls zur Genüge erfaßt worden sein – wenn auch in verschiedenen Kombinationen. Diese Ergebnisse erinnern an das im Kapitel 5.2.2 referierte Resultat der Müllerschen Untersuchungen von 1957.

Es kann vorkommen, daß keiner der angebotenen Indikatoren als „zutreffend" oder zumindest „annähernd zutreffend" betrachtet wird. Das kann sowohl an der geringen Ergiebigkeit der Schrift, als auch am begrenzten Angebot von Indikatoren oder gar an beidem liegen. Hier steht es dem Gutachter frei, eigene Indikatoren einzubringen oder auf die Bewertung der Grundeigenschaft zu verzichten.

9.1.2 Feststellung der Ganzheitsbeurteilung

Während bei der Beurteilung der Ausprägungsgrade von graphischen Merkmalen und Ganzheitsqualitäten vorwiegend von angenommenen Mittelwerten ausgegangen wurde (5.2.1), sollten die psychologischen Ganzheitsbeurteilungen in Ermangelung anderer Kriterien an die Normalverteilung angelehnt werden (die *physische Spannung* wiederum ausgenommen). Eine derartige Orientierung erscheint aller Erfahrung nach durchaus angemessen.

Bei einer Normalverteilung der Ganzheitsbeurteilungen auf 7 Stufen wäre folgende Verteilung der Beurteilungen auf die verschiedenen Stufen anzustreben:

Ausprägungsgrad	Prozent aller Beurteilungen	Ganzheitsurteil
1	5 %	dominant unter mittel
2	11 %	ausgeprägt unter mittel
3	20 %	eher unter mittel
4	28 %	mittel
5	20 %	eher über mittel
6	11 %	ausgeprägt über mittel
7	5 %	dominant über mittel

Das bedeutet, daß nach der statistischen Erwartung über zwei Drittel (68 %) aller Aussagen in die Kategorien „*eher unter mittel*" (3), „*mittel*" (4) und „*eher über mittel*" (5) fallen. Die Feststellung, jemand habe ein „*in etwa durchschnittliches Geltungsstreben*", dürfte aber kaum von größerem Interesse sein.

An den beiden Enden der Skala dagegen sind für die Bewertungen „*ausgeprägt*" (2 resp. 5) oder gar „*dominant und überwertig*" (1 resp. 7) insgesamt nur jeweils etwa 15 Prozent der Aussagen zu erwarten. Das aber sind die tatsächlich interessanten Befunde. Hier wird nämlich festgestellt, daß bei einem Schrifturheber ein „*mindestens ausgeprägt starkes/schwaches Geltungsstreben*" zu erwarten ist.

Die Ausprägungsstufe einer Grundeigenschaft und damit das Ganzheitsurteil werden aber primär nicht von der Normalverteilung und ihren theoretischen Erwartungen, sondern konkret von Anzahl und Gewicht der in der Schriftprobe festgestellten Indikatoren bestimmt.

Mit „Gewicht" sind hier die Gradunterschiede zwischen verwandten Indikatoren gemeint. So gibt es im Auswertungsprotokoll für das Geltungsstreben (Abbildung 8.1) eine eindeutige Steigerung von *gereckt* über *hochfahrend* nach *ausfahrend*. Diese kann vom Beurteiler überdies durch Hinzufügungen gemildert oder verstärkt werden (z.B. *gelegentlich* gereckt; *wild* ausfahrend).

Beim Wägen der Argumente zwecks Feststellung der Ausprägungsstufe von Grundeigenschaften wird sinngemäß wie bei der Ermittlung der Ausprägungsgrade von Ganzheitsqualitäten verfahren (5.2.1.2). Der Vollständigkeit halber wird hier der Arbeitsverlauf nochmals, allerdings unter anderen Aspekten geschildert. Gewisse Wiederholungen lassen sich jedoch nicht vermeiden.

In vielen Fällen sind nur Indikatoren der einen Spalte zutreffend. Das ist auch in den Schriftproben 9.1 und 9.2 der Fall (9.1.1).

Mit dieser „Einengung" ist die generelle Richtung für die Ganzheitsbeurteilung (z.B. *hoch/niedrig, aber nicht mittel*) bereits festgelegt. Für die nun notwendige Bestimmung der Ausprägungsstufe (bei einer 7-stufigen Skala von 1 bis 3 und von 5 bis 7) ist das eben beschriebene Gewicht der Indikatoren maßgebend.

Je mehr Indikatoren einer Spalte als für die Schrift gültig markiert werden und je „stärker" oder „gewichtiger" sie sind, um so mehr sprechen sie für den unter der Spalte angegebenen Grundzug, also *ausgeprägt schwaches* respektive *ausgeprägt starkes Geltungsstreben*.

Je „leichter" die Indikatoren sind (z.B. *einfach, unbetont* respektive *aufrecht*), um so näher liegt die Annahme eines auf dem oder nahe am Mittelwert liegenden Skalenwerts (also Stufe 3 oder 4 respektive 4 oder 5).

Finden sich Indikatoren in beiden Spalten (und das können nur „leichte" Indikatoren sein), deutet dies auf *„normales" Geltungsstreben* hin. Die psychologischen Inhalte der Indikatoren sind hier maßgebend, ob die Stufe 3, 4 oder 5 gewählt wird.

Gibt es keine passenden Indikatoren, kann aufgrund der „graphischen Leere" ebenfalls *„normales" Geltungsstreben* (aber nur Stufe 4) angenommen werden, oder die Beurteilung unterbleibt.

Im Auswertungsprotokoll dürfen nur volle Skalenstufen angegeben werden. Die Markierung von „Tendenzen" ist jedoch zulässig und für die weitere Auswertung sogar ratsam.

GELEGENHEIT ZUR SELBSTPRÜFUNG

Welche Ausprägungsstufen des Geltungsstrebens sind aufgrund der oben angegebenen und/oder eigener Indikatoren bei den beiden Schriftproben 9.1 und 9.2 anzusetzen?

HALT !
ERST WEITERLESEN WENN AUFGABE AUSGEFÜHRT IST !

VERGLEICHSDATEN

Häufigkeit und Gewicht der unter 9.1.1 (Vergleichsdaten) für die *Schriftprobe 9.1* aufgeführten Indikatoren sind eindeutige und außerdem starke Argumente für die Annahme eines *schwachen Geltungsstrebens* (1 bis 3). Die vier Beurteiler der Indikatoren wählten unabhängig voneinander die *Ausprägungsstufe 2* (= *ausgeprägt schwach*).

Die für die *Schriftprobe 9.2* angegebenen Indikatoren bieten ebenfalls gewichtige Argumente, allerdings in Richtung auf ein *starkes Geltungsstreben* (5 bis 7). Drei der vier Beurteiler wählten die *Ausprägungsstufe 6* (= *ausgeprägt stark*), einer die Stufe 5 (= *eher stark*).

Die derart festgestellte Ausprägungsstufe ist identisch mit der *Ganzheitsbeurteilung des Geltungsstrebens*.

Das Ergebnis kann in das bereits erwähnte *Persönlichkeitsprofil* (Abbildung 8.2) übertragen werden.

9.1.3 Die Reliabilität der Ganzheitsbeurteilungen in der Modell-Schrift-Testbatterie

Wie die im vorigen Abschnitt vorgelegten Beurteilungsdaten zeigen, kommen – wie bei der Ermittlung des graphischen Tatbestandes – Abweichungen zwischen verschiedenen Beurteilern vor. Es handelt sich hier nicht um Ausnahmen, sondern um ein bei allen Schätzungen an lebenden Objekten und ihren Produkten auftretendes Phänomen. Von Bedeutung ist nur, wie groß diese Abweichungen sind und wie groß sie sein dürfen.

In den 7-stufigen Skalen der Modell-Schrift-Testbatterie können Abweichungen um eine Stufe mit normaler Streuung innerhalb der Variablen oder mit Grenzfällen erklärt werden. Die Differenzen liegen dann innerhalb eines sachlich gegebenen Spielraums. Sie können daher ohne weiteres akzeptiert werden. Auch die Schwankungen um den Mittelwert (3 bis 5 in 7-stufiger Skala) sollten noch toleriert werden, da die Auffassungen über die Lage des Mittelwerts der Grundvariablen zwischen Beurteilern variieren kann (s. 9.1.2). Ansonsten sollten Abweichungen über zwei oder gar mehr Stufen nicht vorkommen.

Die Ursache für solche Abweichungen kann materialbedingt sein. Es kann sich z.B. um selbst für Fachleute „schwierige" Schriften handeln oder um Beurteilungen, die von vornherein nur unter Vorbehalt (z.B. an unzureichenden Schriftproben, Druck- oder Großbuchstaben-Schriften etc.) durchgeführt wurden.

Diese Überlegungen und immer aufs neue bestätigte Erfahrungen lassen es für die praktische Arbeit ratsam erscheinen, jede Schrift von zumindest zwei Gutachtern auswerten zu lassen. Das begrenzt das Risiko von Fehlbeurteilungen bedeutend, da allein schon die gelegentlich vorkommenden Fehlmarkierungen und Übertragungsfehler leichter entdeckt werden können.

Um einen Begriff von der Zuverlässigkeit der Methode zu bekommen, wurde die Reliabilität einer schwedischen Parallelversion der Modell-Schrift-Testbatterie in einer Pilotuntersuchung an 10 Schriftproben untersucht. Im Prinzip wurde dasselbe Verfahren angewandt, das im Kapitel 6 zur Leistungsprüfung von Schülern an graphischen Variablen vorgeschlagen wurde. Die Beurteilungen von vier Gutachtern wurden korreliert. Die Ergebnisse sind aus Tabelle 9.1 ersichtlich.

Bei den verwendeten Schriftproben handelt es sich um alltägliche Bewerbungsschreiben, die nach dem Zufall aus einem größeren Schriftprobenmaterial herausgenommen wurden.

Drei der Beurteiler (B, C und D) hatten zwar keine schriftpsychologische Berufserfahrung, waren aber an bestmöglichen Ergebnissen interessiert, da die Beurteilung der 10 Schriften eine für sie entscheidende Examensaufgabe war. Der vierte Beurteiler (A) ist ihr Lehrer.

Die Korrelationen zwischen Lehrer A und den Schülern B und C können als zufriedenstellend bezeichnet werden. Abweichungen über zwei Skalenstufen kommen selten vor.

Die Übereinstimmungen des Schülers D mit den drei übrigen Beurteilern sind zwar keine Zufallsergebnisse, aber sie sind nicht zufriedenstellend. Die Erklärung dafür kann darin gesucht werden, daß dieser Schüler bei den während der Ausbildung veranstalteten Übungsseminarien oft gefehlt hat. Der dabei für ihn entstandene Informationsverlust kann nicht durch noch so großen Leistungswillen kompensiert werden. Die Resultate des Schülers D können deshalb auch niemals als Beweis für die Unbrauchbarkeit der Methode angeführt werden: In einem Fach „schwache" Schüler erbringen in aller Welt „schwache" Ergebnisse in diesem Fach. Das ist ihr Problem, aber kein Problem des Faches.

Um Mißverständnissen und Fehldeutungen vorzubeugen:

Was hier an einem begrenzten Material bewiesen wurde, ist *nicht die Gültigkeit schriftpsychologischer Aussagen, sondern* einzig und allein die Tatsache, *daß instruktionsgemäße Anwendung der primären Systematisierten Handschriftendiagnostik durch motivierte und außerdem qualifizierte Gutachter zu gleichen Beurteilungen führt.*

Tabelle 9.1: Interkorrelationen (Spearman *rho*) zwischen 4 Beurteilern (A-D) an 15 psychischen Grundeigenschaften (n = 10).

Grundfunktion	Korrelationen zwischen Beurteilern					
	A/B	A/C	B/C	A/D	B/D	C/D
1. Physische Spannung	.67	.74	.68	-.16	.22	.10
2. Grundstimmung	.76	.79	.84	.53	.71	.69
3. Psychische Stabilität	.77	.79	.76	.56	.64	.48
4. Umfang des Antriebs	.80	.79	.76	.50	.71	.77
5. Tempo des Antriebs	.74	.58	.88	.27	.65	.62
6. Stärke des Antriebs	.86	.76	.70	.10	.37	.24
7. Selbstvertrauen	.74	.56	.80	.65	.65	.45
8. Geltungsstreben	.85	.80	.79	.65	.89	.57
9. Selbstkontrolle	.49	.91	.68	.41	.21	.28
10. Willensstärke	.72	.51	.20	.66	.73	.21
11. Umweltbeziehung	.83	.71	.56	.49	.21	.56
12. Persönliche Eigenart	.70	.43	.69	.37	.34	.47
13. Phantasie	.70	.85	.68	.79	.74	.80
14. Intellektuelle Kontrolle	.84	.92	.89	.69	.68	.61
15. Kontaktfähigkeit	.51	.50	.29	.40	.38	.30

5%-Niveau = .63
1%-Niveau = .76

9.1.4 Der Schritt zur vertieften Analyse

Mit der relativ schematisierten, durch Vorgabe der Auswertungskriterien vorbereiteten Ganzheitsbeurteilung ist die erste Etappe der *Systematisierten Handschriftenanalyse* abgeschlossen.

Und viel weiter reicht auch die Schriftpsychologie nicht! Die Auswertung mit Hilfe der im Auswertungsprotokoll vorgegebenen „Weiteren Auswertungsvorschläge" ist nämlich keine rein schriftpsychologische Arbeit mehr, sondern vorwiegend eine psychologische.

Vertiefte psychologische Analysen erfordern selbstverständlich umfassendere Kenntnisse in Psychologie als die relativ einfache, durch Vorauswahl von Indikatoren erleichterte Ganzheitsbeurteilung.

Der schriftpsychologische Novize muß sich hier selbstkritisch fragen, ob er die für die nächste Stufe notwendige Qualifikation besitzt, ehe er ernsthaft an die vertiefte Auswertung von Handschriften geht. Es bleibt ihm aber unbenommen, sich durch das Studium der folgenden Abschnitte eingehend zu informieren und theoretisch vorzubereiten.

9.2 Die Stichwortanalyse

Soll die Handschriftenanalyse über die Ganzheitsbeurteilung hinaus fortgesetzt werden, dann hat man die Wahl zwischen zwei Wegen: Man kann zuerst die Ausprägungsstufen sämtlicher Grundeigenschaften feststellen und erst dann zur Stichwortanalyse übergehen oder sie direkt im Anschluß an jede einzelne Ganzheitsbeurteilung durchführen. Im letzteren Falle sollte man mit den Grundeigenschaften *physische Spannung* und *Grundstimmung* beginnen und in der gegebenen Nummernfolge fortfahren. So kann man nämlich die an den ersten zentralen Grundeigenschaften gewonnenen Ergebnisse und Erkenntnisse bei der Stichwortanalyse der folgenden Grundeigenschaften von vornherein berücksichtigen.

Ausgangspunkt für die Stichwortanalyse sind die „Weiteren Auswertungsvorschläge".

Für das *Geltungsstreben* z.B. werden in Abbildung 8.1 insgesamt 28 in zwei Spalten aufgeteilte Folgeeigenschaften zur Auswahl angeboten. Die beiden Gruppen von Eigenschaften sind gegensätzlich.

Mit der Ganzheitsbeurteilung wurde eine generelle Vorentscheidung getroffen, die die weitere Auswertung beeinflußt und begrenzt: Wenn nämlich das *Geltungsstreben* mit **6** (ausgeprägt) oder **7** (dominant) bewertet wurde, dann kann man nur noch unter den 16 Eigenschaften der rechten Spalte oder ihnen entsprechenden Varianten wählen. Das Gegenteil (linke Spalte) gilt für die Benotungen *Geltungsstreben 2 bis 1*. Nur Ganzheitsbeurteilungen „um den Mittelwert herum" lassen in begrenztem Umfang die Verwendung von Aussagen aus beiden Spalten zu (etwa *Einfachheit*, *Vornehmheit* und *Ehrgefühl*).

Welche der unter den derart eingeengten Bedingungen angebotenen Eigenschaften ergeben nun eine angemessene Beurteilung der Schrift und damit des Schreibers? Die Stichwortanalyse muß selbstverständlich mit Rücksicht auf die die Bewertung begründenden Indikatoren und die Affinität respektive Diffugität innerhalb der disponiblen Eigenschaftsgruppe geschehen. Daraus ergibt sich für den psychologisch geschulten Beurteiler eine weitere natürliche Begrenzung des Angebots. In welchem Umfang sich der einzelne Gutachter der angebotenen Eigenschaften bedienen möchte, hängt weitgehend von seiner eigenen Persönlichkeit ab und bleibt daher voll und ganz seinem Urteil überlassen. Die Erfahrung zeigt z.B., daß manche Beurteiler (wie bei den Indikatoren) durchgehend restriktiver im „Verbrauch" von angebotenen Eigenschaften sind als andere, „beurteilungsfreudigere" Personen. Diese Personengebundenheit der Beurteilung kann zur Erklärung der unterschiedlichen Frequenzen in der Auswahl von Eigenschaften in den Schriftproben 9.1 und 9.2 angeführt werden.

GELEGENHEIT ZUR SELBSTPRÜFUNG
Welche *weiteren Auswertungsvorschläge* passen zu den Ganzheitsbeurteilungen des Geltungsstrebens der Schriftproben 9.1 und 9.2?

HALT!
ERST WEITERLESEN WENN AUFGABE AUSGEFÜHRT IST!

VERGLEICHSDATEN

Bei der *Schriftprobe 9.1* wurden von den vier bereits an der Ganzheitsbeurteilung beteiligten Beurteilern folgende Persönlichkeitsmerkmale in verschiedenen Kombinationen ausgewählt (Häufigkeit der Wahl in Klammern):
- Anspruchslosigkeit   (4)
- Einfachheit   (4)
- Einordnungswilligkeit   (2)
- Takt   (2)
- Demut   (1)
- Gehorsam   (1)
- Zurückhaltung   (1)
- Rücksicht   (1)

Für die *Schriftprobe 9.2* lauten die entsprechenden Daten:
- Geltungsbedürfnis   (4)
- Selbstachtungsbedürfnis   (3)
- Leistungsehrgeiz   (2)
- Eitelkeit   (2)
- Dreistigkeit   (2)

Auch die Ergebnisse dieser vertieften, aber immer noch gesteuerten Handschriftenanalyse wirken stimmig und den Handschriften angemessen.

Die als brauchbar ausgewählten Einzeleigenschaften kann man mit Vorteil im Klartext auf den *Persönlichkeitsbogen* (Abbildung 8.3) übertragen.

Um es nochmals zu wiederholen: Es handelt sich hier nicht um reale Eigenschaften des Schreibers, sondern einzig und allein um Deutungsmöglichkeiten. Diese im einzelnen Falle auf ihre Brauchbarkeit zu prüfen und gegeneinander abzuwägen, erfordert das oben gefragte gediegene pychologische Wissen und Können.

9.3 Die freie Analyse

Mit Hilfe der im Verlauf der Stichwortanalyse zusammengetragenen Argumente für Grund- und Folgeeigenschaften kann ein Persönlichkeitsbild des Schreibers entworfen werden.

Hier gibt es für den Gutachter nur noch die Grenzen, die er sich selber setzt.

Was über den Aufbau und die Formulierungen von Gutachten wissenswert respektive zu beachten ist, kann der Studierende in der Fachliteratur nachlesen. So enthält z.B. das Standardwerk von Müller & Enskat (1993) ein umfangreiches Kapitel über Gutachtenerstellung.

9.4 Anwendungsbereiche und Einschränkungen

Der Anwendungsbereich der Schrift-Testbatterie ist groß, zumal sie zur Bearbeitung von allen erdenklichen Fragestellungen „maßgeschneidert" werden kann. Sie kann zur Auswahl von einzelnen Mitarbeitern, aber auch zur Vorauswahl unter größeren Bewerbergruppen verwendet werden (Hofsommer, 1973). In Psychotherapie, Psychiatrie und persönlicher Beratung kann sie Unterlagen zur Kontaktaufnahme und zur behandlungsbegleitenden Beobachtung beibringen. Mit ihrer Hilfe können auch psychische Störungen erkannt werden, *ehe* diese im übrigen Verhalten offenkundig werden. Dieser Umstand kann vor allem für Pädagogen wertvoll sein.

Die Schrift-Testbatterie erleichtert natürlich auch die Durchführung von Forschungsprojekten, insbesondere von Reliabilitäts- und Validitätsuntersuchungen.

Ein weiterer Anwendungsbereich wäre der Einsatz bei der Wahl unter im übrigen gleichwertigen Studienbewerbern und Berufsanwärtern, die Zugang zu reglementierten Ausbildungsgängen suchen. Hier könnte man nach graphisch manifestierten Störfaktoren suchen, die den vorzeitigen Abbruch des Studiums möglich erscheinen lassen. In diesen und allen ähnlich gelagerten Fällen muß selbstverständlich den durch mehr oder weniger willkürliche Grenzziehungen auftretenden sogenannten *cut-off*-Problemen größte Beachtung geschenkt werden.

Unabhängig von Zweck und Umfang einer Analyse gelten prinzipiell folgende Einschränkungen:

Die durch Handschriftenanalyse gewonnenen Ergebnisse dürfen bis auf genau festgelegte Ausnahmen niemals als alleinige Unterlage für wie immer geartete Entscheidungen verwendet werden – ein Satz, der für alle psychodiagnostischen Einzelverfahren gilt. Die Handschriftenanalyse sollte vielmehr stets nur im Verbund mit anderen psychodiagnostischen Methoden eingesetzt werden. Eingebettet in diesen Verbund kann die Handschriftenanalyse ihre methodenspezifischen Eigenheiten wie ökonomische und rationelle Handhabung und ständige Wiederholbarkeit mit Vorteil zur Geltung bringen.

10. Auswertungsprotokolle zur Schrift-Testbatterie

Allgemeine Hinweise

Der theoretische Hintergrund der Auswertungsprotokolle sowie ihre Handhabung wurden in den Kapiteln 8 und 9 ausführlich behandelt. Sie ersetzen die in anderen Lehrbüchern angebotenen Deutungstabellen.

Hier sei nur noch einmal darauf hingewiesen, daß die Anforderungen an die Kompetenz der Gutachter mit den Auswertungsstufen der *Systematisierten Handschriftenanalyse* steigen.

Die Feststellung der Ausprägung von Grundeigenschaften mit Hilfe dieser Protokolle erfordert zwar gute, durch Anleitung und Übung erworbene Fertigkeiten in der Ermittlung des graphischen Tatbestandes, aber nur begrenzte psychologische Kenntnisse.

Die vertiefte systematisierte Analyse (Stichwortanalyse) erfordert bereits gediegenes psychologisches Fachwissen, da sich die Auswahl unter den *weiteren Auswertungsvorschlägen* rückblickend zwar immer noch an den Indikatoren der Schrift orientiert, aber psychologisch zureichend begründet und innerhalb der Schrift-Testbatterie stimmig sein muß.

Bei der Erstellung eines Persönlichkeitsgutachtens schließlich werden „Urteile" gefällt. Diese gründen sich auf in der Stichwortanalyse ermittelte Grund- und Folgeeigenschaften und nicht mehr auf Indikatoren der Handschrift. Die Gutachtenerstattung ist eine Angelegenheit für psychologisch geschulte Fachleute.

Wer Handschriftendiagnostik ohne zureichende Kompetenz betreibt, handelt verantwortungslos gegenüber den von seinen Machenschaften betroffenen Personen.

10.1 PHYSISCHE SPANNUNG (Ermittlung)

GRAPHISCHE INDIKATOREN

- schlaff - spannungslos - salopp - lasch - fahrig - schlampig - ungezügelt - hemmungslos - ausfahrend - mangelhafte Hemmung - Ungeformtheit - Formvernachlässigung - ungenügende Koordination	- fließend - flott - flüssig - schlank - glatt - geschmeidig - elastisch - schwingend - vibrierend - graziös - gerundet - weich - biegsam - anmutig - Formflüssigkeit - gute Koordination - rhythmische Bewegungen	- zügig - fest - gehalten - gezügelt - bestimmt - straff - federnd - schnellend - dynamisch - sichere Formgestaltung - Bewegungsbeherrschung - Zügelung - gute Koordination - ökonomische Bewegungs- steuerung - zweckmässige Hemmung
sind Anzeichen für **SPANNUNGSGRAD 1** **HALTLOSIGKEIT**	**sind Anzeichen für** **SPANNUNGSGRAD 2** **LOCKERHEIT**	**sind Anzeichen für** **SPANNUNGSGRAD 3** **GEHALTENHEIT**

- gespannt
- unelastisch
- hart
- eckig
- starr
- monoton
- unlebendig
- Formverfestigung
- unzweckmässige
  Hemmung
- bewußte Koordination
- mechanisierter Rhythmus
	- steif
	- spröde
	- flußlos
	- unschlank
	- brüchig
	- lahm
	- gestaut
	- adynamisch
	- "gefroren"
	- "klebrig"
	- "viskös"
	- unsicher
	- kraftlos
	- tot
	- "verglast"
	- Formerstarrung
	- schlechte Koordination
	- unrhythmische Bewegungen
		- zerstückt
		- zerhackt
		- zerbrochen
		- zittrig
		- ausfahrend
		- torkelnd
		- abrupt
		- springend
		- spitzig
		- Formauflösung
		- Formzerfall
		- Völliger Mangel an Koordi-
		  nation

sind Anzeichen für **SPANNUNGSGRAD 4** **GESPANNTHEIT**	**sind Anzeichen für** **SPANNUNGSGRAD 5** **GEHEMMTHEIT**	**sind Anzeichen für** **SPANNUNGSGRAD 6** **VERKRAMPFTHEIT**

10.1 PHYSISCHE SPANNUNG (Auswertung)

GANZHEITSBEURTEILUNG DES SPANNUNGSGRADES
(Zutreffendes ankreuzen)

1 HALTLOSIGKEIT	
2 LOCKERHEIT	
3 GEHALTENHEIT	
4 GESPANNTHEIT	
5 GEHEMMTHEIT	
6 VERKRAMPFTHEIT	

**WEITERE AUSWERTUNGS-
VORSCHLÄGE bei**

1. HALTLOSIGKEIT	2. LOCKERHEIT	3. GEHALTENHEIT
- Zügellosigkeit	- Beweglichkeit	- Haltung
- Hemmungslosigkeit	- Biegsamkeit	- Zügelung
- Widerstandsschwäche	- Beeinflußbarkeit	- Gesammeltheit
- Ungesteuertheit der Antriebe	- Natürlichkeit	- Stabilität
- Wankelmut	- Gelöstheit	- Bestimmtheit
- Rückgratlosigkeit	- Mitschwingungsfähigkeit	- Wille zur Gesetzlichkeit
- Ermüdbarkeit	- Zwanglosigkeit	- Selbstbeherrschung
- Labilität	- seelische Elastizität	- Widerstandsfähigkeit
- Planlosigkeit	- Heiterkeit	- Ökonomie der Kräfte
- Fahrigkeit	- unbewußte Sicherheit	- Beständigkeit
- Scheinfreiheit	- geschmeidige Anpassung	- Mäßigung
	- Ökonomie der Kräfte	- Ernst
	- weiche Steuerung	- vernünftige Anpassung
		- bewußte Steuerung
		- bestimmte Steuerung
4. GESPANNTHEIT	**5. GEHEMMTHEIT**	**6. VERKRAMPFTHEIT**
- Verhaltenheit	- Sprödigkeit	- Haltungsverlust
- Härte	- Zähflüssigkeit	- gesteigerte Reaktivität
- Unduldsamkeit	- Gezwungenheit	- innere Alarmbereitschaft
- Unbeugsamkeit	- Unsicherheit	- Heftigkeit
- Beharrlichkeit	- Ängstlichkeit	- Störbarkeit
- Steifnackigkeit	- innere Lahmheit	- Reizbarkeit
- Trotz	- Äußerungshemmung	- Geladensein
- Beschränktheit	- Eigenbezüglichkeit	- Aufgeregtheit
- Selbstbehauptung	- Kränkbarkeit	- Ungeschicklichkeit
- Mangel an seelischer Elastizität	- Empfindlichkeit	- Mangel an Ausdauer
- Überspanntheit	- Scheinanpassung	- Mangel an Ökonomie
- Anpassungsverweigerung	- Fehlsteuerungen	- Anpassungsunvermögen
- Eigensinn		- Steuerungsunfähigkeit
- Fehlsteuerungen		- Angst

10.2 GRUNDSTIMMUNG (Ermittlung)

GRAPHISCHE INDIKATOREN

- festgefahren - unbeweglich - vorsichtig - reserviert - stagnierend - zögernd - gehemmt - unfrei - isoliert - hängend - zusammengesunken - zerfallen - zerbrochen - kraftlos - kahl - leer - nackt - ausgetrocknet - gepreßt - spröde - unbeholfen - dürftig - karg - matt - hilflos - mager - spannungslos - entleert - leblos - Mikrographie - unzusammenhängend - fallende Zeilen (evt.dachziegelförmig)	- ausgewogen - gleichmäßig - entspannt - elastisch - geschmeidig - beherrscht - gezügelt - harmonisch - ruhig - gesammelt - besonnen - zusammengehalten - sicher - fließend - federnd - ruhend - regelmäßig	- üppig - flott - anspruchsvoll - breitspurig - großspurig - schwingend - ausladend - affektiert - ungezügelt - hochfliegend - übertrieben - aufgeblasen - überladen - hemmungslos - exaltiert - Schnörkel - großes Unregelmaß - Mangel an Gliederung - steigende Zeilen - hohes Schreibtempo
sind Argumente für MISSGESTIMMTHEIT	**sind Argumente für AUSGEGLICHENHEIT**	**sind Argumente für HOCHGESTIMMTHEIT**

GANZHEITSBEURTEILUNG

1	2	3	4	5	6	7

10.2 GRUNDSTIMMUNG (Auswertung)

WEITERE AUSWERTUNGSVORSCHLÄGE bei

MISSGESTIMMTHEIT	AUSGEGLICHENHEIT	HOCHGESTIMMTHEIT
- Depression	- normale Stimmungslage	- Glücksgefühl
- Pessimismus	- Ausgewogenheit gegen-	- Heiterkeit
- Traurigkeit	über der Umgebung	- Sorglosigkeit
- Mutlosigkeit	- rationale Haltung gegen-	- Euphorie
- Ängstlichkeit	über der Umwelt	- Unvorsichtigkeit
- Negativismus	- gleichmäßige Stimmung	- Leichtsinn
- Verzagtheit	- Gleichmut	- Exzentrizität
- Selbstaufgabe		- (extreme) Äußerlichkeit
- Schwarzseherei		- Nachlässigkeit
- Melancholie		- Unachtsamkeit
- Mißmut		- Jovialität
- Verstimmung		- Freundlichkeit
- Mißstimmung		- Sentimentalität
- Mangel an Humor		- Fröhlichkeit
- Ernsthaftigkeit		- Munterkeit
- Schwermut		- Humor
- Vorsichtigkeit		- Lebensfreude
- Nachdenklichkeit		- Schwärmerei
- Betrübtheit		

10.3 PSYCHISCHE STABILITÄT

GRAPHISCHE INDIKATOREN

- unrhythmisch - heftig - treibend - adynamisch - kantig - forciert - drängend - haltungslos - steuerlos - ungezügelt - unproportioniert - unperiodisch - zersplittert - disharmonisch - unkoordiniert - hackig - flatternd - nervös - gehetzt - chaotisch - Unregelmaß - Ungegliedertheit - spröde - brüchig - getrieben - fahrig - unausgeglichen - eruptiv	- fließend - stetig - elastisch - gleichmäßig - beherrscht - geordnet - rhythmisch - federnd - pulsierend - gehalten - gemessen - harmonisch - ausgeglichen - einheitlich - ausgewogen - keine extremen Ausprägungsgrade - Regelmaß
sind Argumente für **PSYCHISCHE LABILITÄT**	**sind Argumente für** **PSYCHISCHE STABILITÄT**

GANZHEITSBEURTEILUNG

1	2	3	4	5	6	7

WEITERE AUSWERTUNGSVORSCHLÄGE

- Impulsivität - Unbeständigkeit - Reizbarkeit - Aggressivität - Mangel an Selbstbeherrschung - Mangel an Selbstdisziplin - Launenhaftigkeit - Heftigkeit - Leidenschaftlichkeit - Inkonsequenz - Unberechenbarkeit - Rastlosigkeit - innere Disharmonie - Extravaganzen - abrupte Stimmungsumschläge - Stressempfindlichkeit	- situationsangemessene Reaktionen - psychische Balance - ausgeglichene Grundstimmung - Harmonie - Konsequenz im Handeln - innere Sicherheit - Versöhnlichkeit - Natürlichkeit - Gemütsruhe - Mangel an tieferen Gefühlen - Zuverlässigkeit - Vorbedacht - Gleichmut

10.4 UMFANG DES ANTRIEBS

GRAPHISCHE INDIKATOREN

- eingeengt	- breit
- eingeschient	- mannigfaltig
- verknappt	- vielstrahlig
- gezügelt	- schweifend
- verhalten	- suchend
- eingleisig	- ausgreifend
- haftend	- üppig
- festgefahren	- ausladend
- unergiebig	- gereckt
- eng	- gestreckt
- mager	- weit
- vereinfacht	- füllig
- dürr	- bereichert
- karg	- übertrieben
- kahl	- expansiv
- entleert	- breitspurig
- öde	- aufgeblasen
- unbeweglich	- maßlos
- kleine Schrift	- flächig
- kleine Längenunterschiede	- große Schrift
- zögernd	- große Längenunterschiede
- zurückhaltend	- großer Platzverbrauch
sind Argument für **GERINGEN ANTRIEBSUMFANG**	**sind Argument für** **STARKEN ANTRIEBSUMFANG**

GANZHEITSBEURTEILUNG

1	2	3	4	5	6	7

WEITERE AUSWERTUNGSVORSCHLÄGE

- Beschränkung der Antriebe auf das Einfache und Notwendige	- Vielfalt und Ausgedehntheit der Antriebe
- Spezialisierung	- fluktuierendes Schweifen
- Konzentration	- Expansivität
- Vorsichtigkeit	- Vielseitigkeit
- inneres Gleichgewicht	- Strebsamkeit
- Formalismus	- Unternehmungslust
- Einseitigkeit	- Ehrgeiz
- Nüchternheit	- vielseitige Interessen
- Askese	- Maß
- Stagnation	- Karrierist
- Apathie	- Rücksichtslosigkeit
- Gleichgültigkeit	- Zerfahrenheit
- Passivität	- Zersplitterung
	- Machtgier
	- Hochmut
	- Arroganz

10.5 TEMPO DES ANTRIEBS

GRAPHISCHE INDIKATOREN

- ruhig - bedächtig - gesammelt - haftend - stockend - unbewegt - gestaut - adynamisch - zusammengepreßt - zusammengesunken - matt - lahm - müde - gehemmt - träge - leblos - gebremst - zähflüssig - schwerfällig - langsames Schreibtempo - unverbunden - vergrößerte Wortenden - genau gesetzte Oberzeichen - abnehmender Linksrand	- zügig - flott - fließend - lebhaft - geschmeidig - schnell - drängend - dynamisch - pressend - voreilig - hastig - gehetzt - getrieben - übereilt - forciert - überstürzt - schnelles Schreibtempo - hoher Verbundenheitsgrad - verkleinerte Wortenden - ungenau gesetzte Oberzeichen - zunehmender Linksrand - eingebundene Oberzeichen
sind Argumente für **GERINGES ANTRIEBSTEMPO**	**sind Argumente für** **GROSSES ANTRIEBSTEMPO**

GANZHEITSBEURTEILUNG

1   2   3   4   5   6   7

WEITERE AUSWERTUNGSVORSCHLÄGE

- Gleichmut - Passivität - Bedächtigkeit - Geduld - Ausdauer - Gründlichkeit - Gehemmtheit - Langsamkeit - Unsicherheit - Unentschlossenheit - Retardation - Trägheit - Fixierung - Lahmheit - Unbeweglichkeit - Zähigkeit	- Temperament - Impulsivität - Beweglichkeit - Initiative - Vitalität - Unternehmungslust - Aktivität - Lebhaftigkeit - Eifer - Regsamkeit - Betriebsamkeit - Energie - Getriebenheit - Übereilung - Unbedachtheit - Hemmungslosigkeit

10.6 STÄRKE DES ANTRIEBS

GRAPHISCHE INDIKATOREN

- zart - fein - leicht - durchsichtig - diskret - grazil - vorsichtig - unbestimmt - tastend - kraftlos - verweht - nachlässig - matt - schlapp - druckschwach	- schwer - mächtig - massiv - kraftvoll - antreibend - nachdrücklich - forciert - vital - dynamisch - eruptiv - heftig - intensiv - warm - primitiv - grob - wuchtig - derb - druckstark
sind Argumente für **GERINGE ANTRIEBSSTÄRKE**	**sind Argumente für** **GROSSE ANTRIEBSSTÄRKE**

GANZHEITSBEURTEILUNG

1	2	3	4	5	6	7

WEITERE AUSWERTUNGSVORSCHLÄGE

- Empfänglichkeit - Feingefühl - Sensibilität - Zartheit - Hellhörigkeit - Einordnungsbereitschaft - Gleichgültigkeit - Teilnahmslosigkeit - Unlebendigkeit - Trägheit - Schwunglosigkeit - Triebschwäche - Kraftlosigkeit - Willensschwäche - Vitalschwäche	- Vitalität - Leidenschaft - Impulsivität - Lebendigkeit - Durchsetzungskraft - Leistungsfähigkeit - Warmherzigkeit - Heftigkeit - Ehrgeiz - Willenskraft - Machtstreben - Rücksichtslosigkeit - Mangel an Einordnungsbereitschaft - Nachdrücklichkeit - Antreibermentalität

10.7 SELBSTVERTRAUEN

GRAPHISCHE INDIKATOREN

- unsicher	- sicher
- unfrei	- frei
- scheu	- natürlich
- verkrampft	- unbefangen
- zögernd	- unbeirrt
- schwankend	- ungezwungen
- unruhig	- bestimmt
- absackend	- geradezu
- zittrig	- offen
- schlaff	- ruhig
- zerbrochen	- gelassen
- gehemmt	- aufrecht
- vorsichtig	- ausgewogen
- haltlos	- gleichmäßig
- wackelnd	- entspannt
- kraftlos	- stabil
- hilflos	- gerade
- tastend	- Regelmaß
- unbeholfen	- gerade Zeilen
- krampfig	- stark verbunden
- unverbunden	- gute Formgebung
- unregelmäßig	- feste Verankerung
- Korrekturen	- feste Grundstriche
- zerbrochene Buchstaben	
- Lötungen	
- kleine Schrift, Mikrographie	
sind Argumente für **SCHWACHES SELBSTVERTRAUEN**	**Sind Argumente für** **STARKES SELBSTVERTRAUEN**

GANZHEITSBEURTEILUNG

1	2	3	4	5	6	7

WEITERE AUSWERTUNGSVORSCHLÄGE

- Unsicherheit	- Selbstsicherheit
- Sicherungsbedürfnis	- Kraftgefühl
- Minderwertigkeitsempfindungen	- Mut
- Mißtrauen	- Vertrauen
- Mutlosigkeit	- Zuversicht
- Feigheit	- Freimütigkeit
- Autoritätsgläubigkeit	- Offenheit
- Furchtsamkeit	- Zwanglosigkeit
- Ängstlichkeit	- Unvorsichtigkeit
- Kleinmut	- Gutgläubigkeit
- Unruhe	- Vertrauensseligkeit
- Resignation	- Aufdringlichkeit
- Schüchternheit	- Selbstbewußtsein
- Selbstbeobachtungshang	- Risikofreude
- Zaghaftigkeit	- (naives) Selbstvertrauen
- Selbsterniedrigung	- Selbstgefälligkeit
- Selbstverachtung	- Selbstwertgefühl
- Selbstzweifel	

10.8 GELTUNGSSTREBEN

GRAPHISCHE INDIKATOREN

- bescheiden
- schlicht
- einfach
- vornehm
- zurückhaltend
- unauffällig
- unbetont
- zart
- winzig
- unaufdringlich
- anspruchslos
- schulmäßig
- brav
- wenig Eigenart
- keine Akzentuierungen
- geringe Ausgeprägtheitsgrade
   der Merkmale
- ausgeprägte/dominante Kleinheit
- eher bewegungs- als formbetont
- Unterschrift nicht größer als Textschrift
- vorschriftsmäßige Raumeinteilung
- gute Leserlichkeit
- Mikroschrift
	- aufrecht
	- gereckt
	- gestreckt
	- hochfahrend
	- ausfahrend
	- ausladend
	- Platz brauchend
	- breitspurig
	- auffallend
	- dargestellt
	- übertrieben
	- überladen
	- verdreht
	- verziert
	- schwülstig
	- maniert
	- gewollt
	- Unter- u. Überstreichungen
	- Anfangs- u. Endbetonungen
	- herausschießende Oberlängen
	- große Längenunterschiede oder
	   ausgeprägte Größe
	- eigenwillige Zusammenziehungen
	   und Umbiegungen
	- Erworbenheiten
	- vergrößerte Unterschrift

sind Argumente für **SCHWACHES GELTUNGSSTREBEN**	**sind Argumente für** **STARKES GELTUNGSSTREBEN**

GANZHEITSBEURTEILUNG

1	2	3	4	5	6	7

WEITERE AUSWERTUNGSVORSCHLÄGE

- Bescheidenheit - Anspruchslosigkeit - Demut - Gehorsam - Einfachheit - Vornehmheit - Zahrtgefühl - Zurückhaltung - Einordnungswilligkeit - Takt - Rücksicht - Unterwürfigkeit	- Selbstachtungsbedürfnis - Ehrgefühl - Vervollkommnungsstreben - Leistungsehrgeiz - Führungsanspruch - Geltungsbedürfnis - Selbstherrlichkeit - Selbstbespiegelung - Aufgeblasenheit - Anmaßlichkeit - Renommiersucht - Dreistigkeit - Eitelkeit - Arroganz - Ichbetonung - Egozentrik

10.9 SELBSTKONTROLLE

GRAPHISCHE INDIKATOREN

- ungleichmäßig	- geordnet
- ungeordnet	- geregelt
- wogend	- fest
- hin- und hergerissen	- ruhig
- labil	- gezügelt
- instabil	- gesammelt
- ungezügelt	- gleichmäßig
- unbeherrscht	- diszipliniert
- zerfahren	- beherrscht
- flackernd	- ausgewogen
- sprunghaft	- stabil
- haltlos	- sicher
- ruckhaft	- konzentriert
- eruptiv	- beharrlich
- flatternd	- automatisch
- unregelmäßig	- mechanisch
- Mangel an Gliederung	- erstarrt
- ungleichmäßige Ränder	- zusammengerissen
- wogende Zeilen	- gebremst
	- Enge
	- Regelmaß
	- Gliederung
	- gleichmäßige Ränder
	- genau gesetzte Oberzeichen
	- gerade Zeilen
	- gute Lesbarkeit
sind Argumente für **SCHWACHE SELBSTKONTROLLE**	**sind Argumente für** **STARKE SELBSTKONTROLLE**

GANZHEITSBEURTEILUNG

    1   2   3   4   5   6   7

WEITERE AUSWERTUNGSVORSCHLÄGE

- Nervosität	- Selbstdisziplin
- Mangel an Ausgeglichenheit	- Disziplin
- Ziellosigkeit	- Widerstandskraft
- Planlosigkeit	- Selbstbeherrschung
- Mangel an Selbstbeherrschung	- Konzentration
- Launenhaftigkeit	- Ausdauer
- Mangel an Geduld	- Unablenkbarkeit
- Unbeständigkeit	- Unbeeinflußbarkeit
- Unberechenbarkeit	- Gewohnheitsmensch
- Sprunghaftigkeit	- Verantwortungsbewußtsein
- Unstetheit	- Pedanterie
- Ablenkbarkeit	- Genauigkeit
- Augenblicksgebundenheit	- Pünktlichkeit
- Disziplinlosigkeit	- Wohlerzogenheit
	- Perfektionismus

10.10 WILLENSSTÄRKE

GRAPHISCHE INDIKATOREN

- weich	- fest
- scheu	- steif
- zögernd	- straff
- labil	- hart
- absackend	- kantig
- unsicher	- stachelig
- kraftlos	- scharf
- hängend	- zielgerichtet
- schlapp	- zielbewußt
- wackelnd	- bestimmt
- wurzellos	- resolut
- herabgedrückt	- nachdrücklich
- zerfallen	- gezügelt
- zusammengedrückt	- geregelt
- schwächlich	- gleichmäßig
- verschliffen	- monoton
- schwankend	- unbeirrt
- druckschwach	- eigenwillig
- unregelmäßig	- eckig
	- zackig
	- zielfest
	- Regelmaß
	- Winkelbindung
	- evt. Arkadenbindung
	- starker Druck
sind Argumente für **GERINGE WILLENSSTÄRKE**	**Sind Argumente für** **GROSSE WILLENSSTÄRKE**

GANZHEITSBEURTEILUNG

1	2	3	4	5	6	7

WEITERE AUSWERTUNGSVORSCHLÄGE

- Unsicherheit	- Tatkraft
- Unentschiedenheit	- Fleiß
- Bedenklichkeit	- Entscheidungsvermögen
- Entschlußunfähigkeit	- Zielbewußtheit
- Mangel an Ausdauer	- Energie
- Gleichgültigkeit	- Unbeugsamkeit
- Lahmheit	- Härte
- Apathie	- Durchsetzungsfähigkeit
- Verbohrtheit	- Standhaftigkeit
- Resignation	- Disziplin
- Nachgiebigkeit	- Ausdauer
- Widerstandslosigkeit	- Gleichmaß
- Schlappheit	- Eigensinn
- Wankelmut	- Einengung
- Ablenkbarkeit	- Kompromißlosigkeit
- Verführbarkeit	- Rücksichtslosigkeit
- Haltlosigkeit	- Eigenwilligkeit

10.11 UMWELTBEZIEHUNG

GRAPHISCHE INDIKATOREN

- geformt	- naturlich
- modelliert	- fließend
- gestaltet	- beweglich
- geregelt	- ungezwungen
- kultiviert	- ungebunden
- graziös	- gleitend
- originell	- frei
- stilisiert	- offen
- präzise	- geradezu
- profiliert	- rastlos
- plastisch	- antreibend
- dargestellt	- formlos
- "gemacht"	- grenzenlos
- sorgfältig	- gestaltlos
- affektiert	- unscharf
- unnatürlich	- verschwommen
- gekünstelt	- unklar
- genormt	- klobig
- durchgeformt	- grob
- Formbetonung	- plump
	- Bewegungsbetonung
sind Argumente für **KONTROLLIERTE BEZIEHUNG**	**Sind Argumente für** **UNREFLEKTIERTE BEZIEHUNG**

GANZHEITSBEURTEILUNG

1	2	3	4	5	6	7

WEITERE AUSWERTUNGSVORSCHLÄGE

- Orientierung an Leitbildern
- Konvention
- kulturbedingte Wertmaßstäbe,
  Formen und Haltungen
- Formalismus
- bewußte Haltung, Verfestigung und
  Abgrenzung wichtiger als
  Triebe und Gefühle
- Überformung der Tiefenschichten
- Ästhet
- Dogmatismus
- ichbewußte Darstellungstendenzen
- Äußerlichkeit
- Maske
- Fassade
- Unechtheit
- Imitation
- Introversion
	- Vorherrschaft von Gefühls- und
	  Triebwertungen
	- Dominanz vitaler Ziele
	- Spontaneität
	- Schauen und Erleben wichtiger als
	  Formen und Haltungen
	- Orientierung an subjektiven
	  Erfahrungen
	- Determiniertheit durch unmittelbare
	  Antriebserlebnisse
	- Verhaltenssteuerung durch unmittelbare
	  Impulse
	- Haltungslosigkeit
	- Ungebundenheit
	- Formablehnung aus Eigenwille
	- Ablehnung aus Trotz, Eigen-
	  sinn, Selbstgefälligkeit
	- Natürlichkeit
	- Extraversion

10.12 PERSÖNLICHE EIGENART

GRAPHISCHE INDIKATOREN

- ausdruckslos	- einfach	- eigenwillig
- armselig	- schlicht	- überspannt
- banal	- unauffällig	- eigenartig
- undifferenziert	- fein	- einmalig
- dürr	- zart	- kalligraphisch
- leer	- zurückhaltend	- originell
- schablonenhaft	- bescheiden	- phantasievoll
- unselbständig	- sachlich	- künstlerisch
- unkultiviert	- unbetont	- ästhetisch
- schulmäßig	- selbständig	- auffallend
- hilflos	- unaufdringlich	- elegant
- kindlich	- ausgeglichen	- aufgeblasen
- dürftig	- gemessen	- verziert
- primitiv		- exzentrisch
- klobig		- affektiert
- plump		- bizarr
		- abnorm
		- skurril
		- schwülstig
		- übertrieben
		- gekünstelt
		- maniert

sind Argumente für GERINGE EIGENART	sind Argumente für AUSGEWOGENE EIGENART	sind Argumente für AUSGEPRÄGTE EIGENART

GANZHEITSBEURTEILUNG

1   2   3   4   5   6   7

WEITERE AUSWERTUNGSVORSCHLÄGE

- Enthaltsamkeit	- Einfachheit	- Persönliches Format
- Askese	- Schlichtheit	- innere Überlegenheit
- Selbstaufgabe	- Vornehmheit	- individuelle Haltung
- Gesichtslosigkeit	- Versachlichung	- Pathos der Einmaligkeit
- Banalität	- innere Selbständigkeit	- Außenseitertum
- Infantilität	- Sachlichkeit	- Einordnungsschwierigkeiten
- Unselbständigkeit	- Objektivität	- Selbstsucht
- Meinungslosigkeit		- Exzentrik
- Alltäglichkeit		- Extravaganz
- Trivialität		- Überspanntheit
- Unpersönlichkeit		- Snob-Allüren
		- Primadonnagehabe
		- Effekthascherei
		- Schauspielerei
		- Absonderungsbedürfnis
		- Eigenbrötelei
		- Unechtheit

10.13 PHANTASIE

GRAPHISCHE INDIKATOREN

- formlos - stumpf - grob - nackt - undifferenziert - unproportioniert - schablonenhaft - dünn - ärmlich - öde - kümmerlich - verwaschen - banal - dürftig - plump - ungepflegt - mager - trocken - blaß	- individuell - kultiviert - elegant - originell - stilisiert - profiliert - vielfältig - ausdrucksvoll - bereichert - phantasiereich - modelliert - auffällig - gekünstelt - unecht - gemacht - farbig - gestaltet - Ligaturen - Änderungen an Buchstaben
sind Argumente für MANGEL AN PHANTASIE	**sind Argumente für PHANTASIE**

GANZHEITSBEURTEILUNG

1	2	3	4	5	6	7

WEITERE AUSWERTUNGSVORSCHLÄGE

- Mangel an Phantasie - Mangel an Ideen - Mangel an Intuition - Unselbständigkeit - Einspurigkeit - Profillosigkeit - Farblosigkeit - Schmalspurigkeit - Einseitigkeit - Dürftigkeit - Kühle - Nüchternheit - Rationalismus - Phantasielosigkeit - Mangel an Gestaltungskraft	- Einbildungskraft - Einfallsreichtum - Vorstellungsvermögen - Intuition - Enthusiasmus - Schaffenstrieb - Schaffensfreude - Darstellungsvermögen - Projektionen - Illusionen - Wunschphantasien - Tagträumerei - Kombinationsvermögen - Gestaltungswille - Stilgefühl

10.14 INTELLEKTUELLE KONTROLLE

GRAPHISCHE INDIKATOREN

- ungeordnet - verworren - verblasen - unselbständig - umständlich - unscharf - klumpig - verwaschen - fleckig - unklar - schmierig - plump - nachlässig - chaotisch - ungegliedert	- übersichtlich - klar - einfach - geordnet - perfekt - präzise - selbständig - routiniert - geschickt - vereinfacht - nüchtern - mager - dünn - karg - blaß - kahl - kühl - differenziert - knapp - drahtig - gestochen - sauber - kleine Schrift - Gliederung - steile Schrift - Vereinfachungen
sind Argumente für **MANGELNDEN ÜBERBLICK**	**Sind Argumente für** **GUTEN ÜBERBLICK**

GANZHEITSBEURTEILUNG

1	2	3	4	5	6	7

WEITERE AUSWERTUNGSVORSCHLÄGE

- Subjektivität - Mangel an Sachlichkeit - Kritiklosigkeit - Gefühlsdenken - Gefühlsurteile - Wunschdenken - Mangel an Realismus - Einfältigkeit - Mangel an Systematik - Mangel an Objektivität - mangelnde Urteilskraft - Planlosigkeit - Willkürlichkeit - Mangel an Überblick - schwaches Unterscheidungsvermögen	- Assoziationsvermögen - Differenzierungsvermögen - Abstraktionsvermögen - Kritikfähigkeit - Logik - Urteilsvermögen - Rationalität - Intellektualismus - gesunder Menschenverstand - Objektivität - Nüchternheit - Systematik - Ordnung

10.15 KONTAKTFÄHIGKEIT

GRAPHISCHE INDIKATOREN

- scheu - vorsichtig - tastend - unsicher - reserviert - zurückhaltend - zögernd - zurückgehalten - gespannt - gehemmt - isoliert - niedergedrückt - unfrei - steif - kühl - starr - sperrig - karg - scharfe Schlußzüge - Endarkade	- ungebunden - frei - gleitend - schwingend - fein - weich - unbehindert - locker - suchend - leicht - großzügig - gerundet - offen - unbeschwert - beweglich - warm - farbig - schwungvoll - gewandt - lebendig - ursprünglich - Rechtsschrägheit - Doppelbogen - Rechtstendenz - Weite - weite Girlande/Fadenbindung
sind Argumente für **GERINGE KONTAKTFÄHIGKEIT**	**sind Agumente für** **GROSSE KONTAKTFÄHIGKEIT**

GANZHEITSBEURTEILUNG

1   2   3   4   5   6   7

WEITERE AUSWERTUNGSVORSCHLÄGE

- Einzelgänger - bewußte Distanz - Sonderling - Verschlossenheit - Introvertiertheit - Mißtrauen - Scheu - Reserviertheit - Verschwiegenheit - Unfroheit - Ängstlichkeit - Unzugänglichkeit - Vorsichtigkeit - Ungeselligkeit - Befangenheit - Gestörtheit - Ablehnung	- Aufgeschlossenheit - Einfühlung - Feingefühl - Offenheit - Spontaneität - Umstellbarkeit - Anpassungsvermögen - Geselligkeit - Toleranz - Kompromißbereitschaft - Hilfsbereitschaft - Extraversion - Entgegenkommen - Beeinflußbarkeit - Kontaktbedürfnis - Umweltabhängigkeit - Altruismus - Verbindlichkeit - Selbstlosigkeit

Literaturhinweise

Amelang, H. & Bartussek, D.: Differentielle Psychologie und Persönlichkeitsforschung. Stuttgart: Kohlhammer, 1990, 3.Aufl.

Beyerstein, B.L., & Beyerstein,D.F. (Hg.): The Write Stuff. Evaluations of Graphology – The Study of Handwriting Analysis. Buffalo,N.Y.: Prometheus Books, 1992.

Birge, W.R.: An experimental inquiry into the measurable handwriting correlates of five personality traits. J.of Pers., 1954, 23, 215-223.

Cantril, H., Rand,H.A., & Allport,G.W.: The determination of personal interrests by psychological and graphological methods. Character and Personality, 2, 1933.

Crider, B.: The reliability and validity of two graphologists. The Journal of Applied Psychology, 1941, 25, 323-325.

Dorsch, F.: Psychologisches Wörterbuch. Bern: Huber 1994, 12.Aufl.

Dosch, E.: Die graphologische Deutung der Druckschrift. Angewandte Graphologie und Persönlichkeitsdiagnostik, 1992, Heft 3.

Doubrawa, R.: Handschrift und Persönlichkeit. Eine kritische Studie zu Grundfragen der Graphologie – mit einer graphometrischen Untersuchung an älteren Menschen. Frankfurt/M.: Lang 1978.

Fahrenberg, J.: Graphometrie. Dissertation, Freiburg im Breisgau: 1961.

Fisseni, H.: Lehrbuchder psychologischen Diagnostik. Göttingen: Hogrefe, 1990.

Foerster, J.-F. von: Verfahren und Möglichkeiten der Schriftbeurteilung. Industrielle Psychotechnik, 1927, 4.Jg., Heft 5, 129-147.

Gesell, A.: Accuracy in handwriting, as related to school intelligence and sex. Am.J.of Psychology, 1906, 17.

Groß, C.: Vitalität und Handschrift. Forschungsmethoden – Erscheinungsformen – Deutung – Verifikation. Bonn: Röhrscheid 1950. 2. Aufl.

Halder, K.: Drei chinesische Handschriften – ein Experiment. Zeitschrift für Menschenkunde, 1994, Jg.58, Heft 2.

Harvey, O.L.: The measurement of handwriting considered as a form of expressive movement. Character and Personality, 4, 1934.

Hector. H.: Graphologie als seelische Stilistik. Zeitschrift für Menschenkunde, 1995, Jg.59, Heft 4, 257-259.

Hofsommer, W.: Untersuchungen zur Reliabilität und Validität schriftpsychologischer Diagnosen. Inaugural-Dissertation, Universität Bonn, 1973.

Hönel, H.: Grundrhythmus und kriminelle Disposition in der Handschrift. Ein Beitrag zur Validierung rhythmischer Qualitäten. Zeitschrift für Menschenkunde, 1977, 41.Jg., Heft 1, 1-47.

Hönel, H.: Einige Worte an Teut Wallner. Zu dessen „Kritischen Anmerkungen und zur kriminellen Disposition". Zeitschrift für Menschenkunde, 1988, 52.Jg., Heft 1, 60-61.

Lersch, Ph., Aufbau der Person. München: Barth 1954, 6.Aufl.

Lewinson, Th. Stein: Graphische Darstellung der handschriftlichen Dynamik. Ausdruckskunde, 1956, 3.Band, Heft 4/5, 145-180.

Lockowandt, O.: Bielefelder Graphologische Bibliographie. BGB. 1.Band, Deutschsprachige Literatur, Bielefeld: 1988

Lockowandt, O.: Der gegenwärtige Stand der Überprüfung der Schriftpsychologie als diagnostisches Verfahren. In: Müller, W.H. & Enskat, A.: Graphologische Diagnostik: Ihre Grundlagen, Möglichkeiten und Grenzen. Bern: Huber 1993, 4. korrigierte und ergänzte Aufl.

Müller, A.: Ein Einstufungsexperiment mit Graphologen und Laien zum Formniveau. Zeitschrift für Menschenkunde, 1994, Jg.58., Heft 2.

Müller, W.H.: Über die Objektivität von Anmutungsqualitäten in der Handschrift. Psychologische Beiträge , 1957, Band III, Heft 3, 364-389.

Müller, W.H. & Enskat, A.: Graphologische Diagnostik: Ihr Grundlagen, Möglichkeiten und Grenzen. Bern: Huber 1993, 4. korrigierte und ergänzte Aufl.

Pascal, G.R.: Handwriting pressure: Its measurement and significance. Character and Personality, 11, 1943, 235-254.

Paul-Mengelberg, M.: Die Handschrift von ehemaligen Kriegsgefangenen und politisch Verfolgten. Bonn: Bouvier, 1972; Reihe: Abhandlungen zur Philosophie, Psychologie und Pädagogik, Bd.80.

Pophal, R.: Zur Psychophysiologie der Spannungserscheinungen in der Handschrift. Rudolstadt: 1949, 2.Aufl.

Prystav, G.: Beitrag zur faktorenanalytischen Validierung der Handschrift. Freiburg: Phil.Fak. (Diss.), 1969.

Schroeder, Ch.v.: Studium über die Schreibweise Geisteskranker. Dorpat: 1880, Med.Fak. (Diss.).

Seibt, A.: Schriftpsychologie. Theorien, Forschungsergebnisse, wissenschaftstheoretische Grundlagen. München/Wien: Profil, 1994.

Super, D.E.: A comparision of the diagnosis of a graphologist with the results of psychological tests. Journal of Consulting Psychology, 5, 1941.

Wallner, T.: Die Zuverlässigkeit der graphologischen Beurteilungsgrundlagen. *Ausdruckskunde*, 1956, Band 3, Heft 6, 251-254.

Wallner, T.: Das System der Handschriftenvariablen. *Zeitschrift für Menschenkunde*, 1959, 23. Jg., Heft 4. 173-189.

Wallner, T.: Theoretische Voraussetzungen für Zuverlässigkeitsuntersuchungen der graphischen Tatbestandaufnahme. *Zeitschrift für Menschenkunde*, 1960, 24. Jg., Heft 3, 309-325.

Wallner, T.: Reliabilitätsuntersuchungen an metrisch nicht meßbaren Handschriftenvariablen. *Zeitschrift für Menschenkunde*, 1961, 25. Jg., Heft 1, 1-14. (a)

Wallner, T.: Experimentelle Untersuchungen über die Reliabilität direkt metrisch meßbarer Handschriftenvariablen. *Zeitschrift für Menschenkunde*, 1961, 25. Jg., Heft 2, 49-78. (b)

Wallner, T.: Neue Ergebnisse experimenteller Untersuchungen über die Reliabilität von Handschriftenvariablen. *Zeitschrift für Menschenkunde*, 1962, 26. Jg., Heft 2, 257-269.

Wallner, T.: Graphologie als Objekt statistischer Untersuchungen. *Psychologische Rundschau*, 1965, Bd. XVI/4, 282-298.

Wallner, T.: Planung und Durchführung von schriftpsychologischen Untersuchungen. *Zeitschrift für Menschenkunde*, 1970, 34. Jg., Heft 1-2, 280-300.

Wallner, T.: Der Unterschied zwischen Graphologie und Schriftpsychologie. *Psychologie und Praxis*, 1971, 15. Band, Heft 1, 1-8.

Wallner, T.: Die grundlegenden Arbeitshypothesen der Schriftpsychologie und ihre Verifikation. *Zeitschrift für experimentelle und angewandte Psychologie*, 1972, 19. Band, Heft 3, 517-528. Zw.: Zeitschrift für Menschenkunde, 1972, 36. Jg., Heft 3, 373-381.

Wallner, T.: Die Einführung von Eindruckscharaktergruppen in die schriftpsychologische Forschung und Praxis. *Zeitschrift für Menschenkunde*, 1987, 51. Jg., Heft 3, 131-137.

Wallner, T.: Kann man Kriminalität oder kriminelle Disposition aus der Handschrift ablesen? *Zeitschrift für Menschenkunde*, 1988, 52. Jg., Heft 1, 48-59.

Wallner, T.: Wie man undatierte Schriftproben mit Hilfe graphischer Kriterien datieren kann – Ein Leitfaden. *Zeitschrift für Menschenkunde*, 1991, 55. Jg., Heft 2, 62-81.

Wallner, T.: Rudolf Pophals Versteifungsgrade, ihre Erfaßbarkeit und pragmatische Auswertung. *Zeitschrift für Menschenkunde*, 1996, 60. Jg., Heft 4, 242-249.

Wallner, T.: Methoden der Schriftbeschreibung in der Schriftpsychologie. Klassifizierung und Vorschläge zur Registrierung von Handschriftenvariablen. *(in press)*

Wallner, T. & Sandahl, Ch.: Die Bindungsformen der Handschrift – ein Kontinuum von der Arkade bis zum Faden. *Zeitschrift für Menschenkunde*, 1990, 54. Jg., Heft 1, 30-37.

Wallner, T. & Sandahl, Ch.: Pragmatische Schriftpsychologie in der Praxis. *Zeitschrift für Menschenkunde*, 1993, 57.Jg., Heft 2, 87-101.

Wieser, Roda: Der Rhythmus der Verbrecherhandschrift. Systematisch dargestellt an 694 Schriften Krimineller und 200 Schriften Nichtkrimineller. Leipzig: Barth, 1938.

Sachregister

Namenregister

Allport, G.W. 93
Amelang, H. 93

Bartussek, D. 93
Bergström, L. 22
Beyerstein, B.L. 24
Binet, A. 20
Birge, W.R. 22

Cantril, H. 21
Crider, B. 21

Dorsch, F. 93
Dosch, E. 35
Doubrawa, R. 34

Enskat, A. 12, 15, 35, 46, 47, 61, 63, 65, 67, 73, 77, 86, 91, 94, 99, 113

Fahrenberg, J. 34
Fisseni, H. 15, 91
v. Foerster, J.-F. 21

Groß, B.C. 27
Gesell, A. 20

Halder, K. 94
Harvey, O.L. 21
Hector, H. 91
Heiss, R. 22, 91
Hofsommer, W. 114
Hönel, H. 24

Klages, L. 12, 16, 21, 32, 42, 91

Langenbruch, W. 22
Lersch, Ph. 99
Lewinson, Th. Stein 27
Lockowandt, O. 15, 16, 20, 22, 34, 44

Müller, A. 16
Müller, W.H. 12, 15, 32, 36, 37, 42, 43, 44, 46, 47, 61, 63, 65, 67, 73, 77, 86, 91, 94, 99, 106, 113

Pascal, G.R. 21
Paul-Mengelberg, M. 94
Pophal, R. 32, 36, 42, 77, 97

Prystav, G. 17
Pulver, M. 91

Sandahl, Ch. 47
Schneikert, H. 22
Schroeder, C.v. 20
Seibt, A. 13
Super, D.E. 21

Wallner, T. 12, 14, 16, 17, 18, 19, 21, 22, 24, 27, 28, 36, 38, 45, 46, 47, 77, 86
Wieser, R. 16, 24